전망 2018

詩

눈물의 연대기

조영환 외

전망 2018

詩

눈물의 연대기

조영환 외

다시올

눈물의 연대기

올여름의 혹서(酷暑)는 1907년 기상청 설치 이후 111년 만에 전국 폭염일수 및 낮 최고기온 등 대부분의 더위 기록을 갈아치웠다고 하지요. 작년에 귀농한 지인은 계속되는 폭염에 농작물이 타죽을까 걱정돼서 처음에는 밤잠을 못 잤다고 하더군요. 그런데 새벽에 논밭에 나가보면 밤새 맺힌 작은 이슬방울이 초목에 수분을 공급해 생명이 유지되는 것을 보고 말할 수 없는 신비함을 느꼈다고 합니다.

SNS 시대에 무수한 말과 이미지들이 폭주하고 있습니다. 인터넷 페이스북에서 1분간 350GB의 데이터가 업로드되고, 1초마다 4만1,000개 이상의 포스트가 생성되며, 유튜브에는 1분간 72시간 분량의 비디오가 업로드된다고 합니다. 이른바 '가시성의 폭발' 이지요. 이는 인간 삶의 지극히 사적인 영역까지도 즉시 가시적인 것으로 바뀌어 무자비하게 정보와 커뮤니케이션의 빛에 노출되는 현상을 가리킵니다.

장 보드리야드는 가시성의 폭발 현상을 '외설' 이라고 부르고, 그것이 모든 현실세계를 용도 없이, 필연성 없이, 욕망 없이, 효과 없이 가시성의 궤도 안에 감금한다고 비판했지요.

이미지의 폭력성은, 바로 그 외설이 실재를 사라지도록 만드는 데 있으며, 극단적인 경우에 현실 세계는 그 기능을 잃고 유령의 형태와 사건의 총체가 될 수 있다는 데 있습니다.

계간 『다시올문학』에서 활동하는 「전망」 동인들이 2012년에 제1집을 발간한 이후 올해에 제7집을 발간합니다. '시뮬라시옹(simulation)'의 시대, 복제가 원본을 압도하고 외설성이 극단화하는 시대에 동인들은 '자기(自己)라는 원본'을 지키기 위해 글을 썼는지도 모르겠습니다. 올여름의 폭염 탓에 농작물의 단위 수확량은 감소했으나, 불볕 속에 살아남은 야채는 더욱 아삭해지고 과일은 풍미가 깊어졌다고 합니다. 모쪼록 「전망」 제7집이 독자에게 그렇게 다가갈 수 있기를 소망해 봅니다.

2018. 12. 5.

다시올문학회 회장 **조 영 환**

■ 차례 ■

1부

어느 한 날의 메모

2부

용서해야하는 이유

3부
그림자 서점에 그림자 없다

4부
풍경

수필

1부

어느 한 날의 메모

서영용 송기남

추다영 조영환

조남분 김병화

신동열 윤준경

스승과 제자 외 4편

서 영 용

표암 강세황과 단원 김홍도 그림을
나란히 감상하는 국립중앙박물관 서화관

소나무 대나무 모란, 강세황 그림 세 점
쓸쓸한 분위기를 자아낸다
꽃과 나비가 노니는 김홍도 그림
부채화면 왼쪽에 나비 세 마리를 그리고
오른쪽에 찔레꽃을 그렸다

강세황이 일곱 살인 김홍도를
안산에서 가르치며 합작을 하든가
화평을 새기는 돈독한 사제의 정
책을 뒤적이며 두 분을 좀 더 이해한다
예술혼이 삶의 좌표인 두 분의 생애
뜨겁다, 나의 귀감이다

강세황의 그림공부와 관직 경험이 경이롭고
조기교육으로 큰 화가로 성장한
김홍도의 삶에 숙연해진다

사람은 가고 작품만 남아 박물관에 전시되어
후손들에게 말없이 가르침을 준다
훌륭한 스승 밑에 위대한 제자가 탄생하는
역사적 사실 앞에 나는 고개를 숙인다

감산사 석불

국립중앙박물관 조각공예관에서 만난
경주 감산사 석불 합장으로 기도 바친다

미륵보살 국보 81호
화려하고 섬세한 옷 주름, 가슴에
새긴 두 줄 목걸이 목에서 다리까지
구슬 장식이 늘어져 있다

아미타불 국보 82호
수수하고 안온한 모습이 편안하고
U자형 옷 주름이 생동감 넘친다
두 분 배 모양 전신 광배에 불꽃무늬
우아하고 화려한 사실적 조각이
아름답게 빛나는 두 분 부처님

감산사 비구니 주지 스님의 말씀
"거사님 마음에 상처받으면
두 분 부처께 기도 많이 하세요"
돌부처가 소원 들어주신다고
웃으시는 스님 일 년에 한두 번
친견하러 오신다는 불공
애절한 전설이 된다

자등명 법등명, 박물관 찾는 관람객
소원 들어주실 것 같다

물고기무늬 편병

가장 한국적인 도자기
분청사기를 국립중앙박물관에서 감상한다
국보 178호

백토를 두껍게 입힌 조화기법으로 새긴 무늬
몸통은 둥글며 앞뒤 양면은 납작하고 편평하다
앞뒷면 두 마리 물고기가 입을 쩍 벌리고
하늘을 향해 뛰어오른다
양 옆면에 네 옆의 모란무늬가 새겨있고
아랫부분에 파초잎 두 개를 새겨 넣었다

어릴 적 고향 집 전나무 울타리 옆
파초가 길쭉한 큰 잎으로 호기심을 끌고
뒷밭 자주색 모란꽃은 고귀한 자태를 보였다
마당에 터를 잡은 금붕어 노니는
그 모습을 보며 내 키는 자랐다

물고기 무늬 편병을 보면
내 삶의 오랜 부적 같다

반가사유상 · 1

국립중앙박물관 조각공예관
국보 83호, 반가사유상께
합장 기도 드린다

한 다리 무릎에 얹고 손가락
뺨에 댄 채 생각에 잠긴 모습

입가에는 미소를 머금고
삼산관, 연화관 머리에 쓰고
상반신엔 목걸이만 착용하고
율동적인 치맛자락
하반신 다리 감싸며
대좌를 덮고 있다

저 단순한 모습이
번뇌와 집착 털어내고
실천하라는 가르침이다

반가사유상 · 2

국립중앙박물관 조각공예관
국보 78호 보살님께 합장기도 드린다

한 쪽 다리 다른 쪽 무릎 위에 얹고
손가락을 뺨에 댄 채 생각에 잠긴
반가사유의 자세

머리에 일월식 보관을 쓴
당당하면서도 곧고 늘씬한 모습

고요 속에 용솟는 자세
오래 삭힌 생각 속에 한줄기 지혜의 빛
변증법 사고 속에 노동의 선이
최고의 수행인지 물어보는 가르침
수레바퀴처럼 돌아가고 있다

서영용
나주출생, 세종대학교 경제학과 졸업, 2010년《다시올문학》신인상
동인시집『고양이 골목』『꽃에 대한 예의』외
seoyoungyong@hanmail.net

단풍 외 4편

송기남

어디서나 아무 때나
너는 아름답구나

조금 아니 많이 들어도
내 마음 그대 마음
사랑 가득하고

길 따라 능선 따라
국경 넘어 침범해 가며
행복 나누니

더 가지도 더 오지도 말거라
그 자리 그 색으로
내 마음에 남아거라

호수 같은 사람

거친 시간의 흐름도
억센 아픔의 세월도
작은 마음의 변화가
호수에 빠지면
달이 되고
해가 되어
물결도 잠이 드는
호수 같은 사람을 본다

깊고 넓은
포옹의 호수에
오래전 추억이
지워질 때까지
머물고 싶은 생각뿐
사랑스런 호수에
오늘을 던지고
바라보는 행복함이여

천의 얼굴

배우 되려고 연습하듯
귀에 입 걸고
실웃음 짓고
주워들은 노래 따라하며
말도 안 되게 애드립 치는
할머니 할아버지

천의 얼굴 보러 갈 때 마다
표정 하나에 거짓말 열 번
옹알거림 하나에 따따부따

하루의 무게가 늘면서
조금씩 낮과 밤을 찾아가며
하루를 들었다 놨다 한다

손자 안은 할머니가
연애할 때처럼 보이는 건
눈이 젊어져서일까
할머니가 예뻐서일까
아 하
천의 얼굴 손자가 있어서 구나

넋두리

포구의 허름한 전방
아흔을 바라보는 주인 할머니
오가는 말 몇 마디에
인생 이야기 거미줄치고
이국적 얼굴에 자잘한 주름이
할머니의 뒷이야기를 대신 한다

할머니 남은 시간
자식들 남겨주지 마시고
다 가져가세요

공허함이 밀려온다

문패

아버님의 함자가 각인되고
가족의 성명이 멋지게
수문장처럼 집을 지키던
이방인의 부러움 문패는

높다란 괴물들의 출현으로
고향 집이 사라지고 지형이 바뀌고
물줄기가 돌고 사람들이 떠날 때
문패도 함께 떠났다

고향도
아버님도
문패 찾기 전에는
오지 않겠다는 전문만 쌓인다

송기남
2011년《서라벌문예》등단 2011년 한국을 빛낸 자랑스런 한국인대상 수상 現(사)한국녹색다자인개발협회이사장 한국직업전문학교학교장, 시집으로 『행복 찾기』 『오늘』이 있다. koca7@hanmail.net

내안의 나 외 3편

추 다 영

나를 사랑했고
나를 위해 견뎌 왔건만
정작 내 안엔 내가 없습니다.

나만을 위해 마련한
보물 상자 하나, 정작
그 안엔 내 것이 없습니다.

나를 위해 수고했고
나를 위해 준비했건만
정작 내게 줄 것은 없습니다

나를 사랑하며
철저히 나를 지켜 낸
내 안에
오롯이 당신만 있어
정말 미안합니다.

울어 말어

마음이 없어지는 게 아파서 그냥 울었어야 했다 서글프게 벅찬 감정을 억누르고 청했던 잠은 결국 날 재우지 못했다

넓은 대지 끝에 가늘게 부서지는 불빛이 첫사랑의 그리움 흉내를 내보지만, 어디가 땅이고 하늘인지 분간도 못 하고 그냥 하늘은 검푸르고 허공은 싸늘하기만 했다

명멸하는 별, 벌거벗은 이 몸 뭔지 모를 구차한 심정은 하늘에 두어야 할지 땅에 가두어야 할지 문득 세상을 구경하듯 바라보던 어둠, 내 삶 어느 귀퉁이인 새벽인데 자야 할지 말아야 할지도 모른 채 그냥 꼬꾸라져야 했다

우윳빛 흐르던 순한 살결에서
푸르름 가득한 정원의 연한 이파리가 사라지고
내 몸에 세파에 두터워진 각질이 껍질이 쌓여만 간다

겨울을 찾아서

푹 익은 겨울로 왔다

조금 먼저 눈을 만나고 싶었는데
울고 싶은 맘 알기나 하는 것인지
빗줄기로 화답하는 하늘이 야속타

칼 겨울 찬바람에도
움츠리지 않는 늠름한 저 바다
성스러운 침묵으로 맞이하니 기쁘다
마주하는 바다의 겨울빛은
이 작은 날 알고 나 있는 건지

아담한 포구의 끝없는 수평선 같이
지나치는 간이역이나 종착역의 광장처럼
알 수 없는 내 삶 어디쯤 쉬고 있나

힘겨워 갈등했던 한 해
새로이 맞이할 금빛 태양을 위해
앙금으로 쌓인 상연(爽然)
거칠게 토해내는 바다 짠물에
말갛게 생각을 헹구어 낸다

잊지 못할 일

이만큼 살다 보니 들이쉬는 숨처럼 수없이 많은 사람을 만났고 또 수많은 헤어짐은 필히 목적이 있는 만남과 이별이었다 이기적이고 욕심 많은 내가 아무 목적 없는 사람들을 만나 행복했고 그 순수한 열정과 수고에 스스로 감탄했다

언제나 이익을 추구하는 만남과는 조금 동떨어진 인연이 우르르 밀려온다 그 잊지 못할 인연의 틈새가 환하고 소란스러워 더없이 고맙다

숨 막히는 긴장 속에서 하루하루를 지키며 겨우내 서로 더듬이를 감지할 페로몬을 저장하며 색깔이 다른 돌출구가 생긴 듯해 마음이 기쁘다

추다영
1970년 서울 출생, 2004년 월간 《시사문단》등단 2012년 계간 《다시올문학》 수필 등단. 다시올문학 운영이사, 시집 『나를 환장하게 하는 너』 poeticdy@hanmail.net

사랑 외 4편

조 영 환

월출산 벼랑에 소나무가
내 마음 천 길 암벽에
소나무가 한 그루 서 있다
천 년의 바람이 불었을 게다
억 년의 눈비가 내렸을 게다
억겁 세월 당신은 솔씨처럼
나를 스쳤을 게다
사랑은 어떻게 왔는가

동지(冬至)

겨울에 이르러
비로소 나입니다
긴 밤입니다
눈이 붉은 집입니다
찢긴 창호가 너펄거리고
피 냄새가 나는 집입니다
팥죽을 먹는 밤입니다
그저 살아서 귀신입니다
당신이 가장 짧은 날입니다
자박거리는 소리도 없이
당신이 내 발밑까지 든 날입니다
당신은 나를 핥아
내 몸은 기어이 가뭇없고
살아서 다만 슬픔은
당신이 졸아드는 것뿐이지만
겨울에 이르러 비로소 나입니다

시, 임, 시, 임, 해, 서

펄펄 눈 내리는 아버지

시퍼런 울음이 얼어붙은 두물머리
독방에 모로 누워 홀로 몸 뒤척이지 못하고
바람벽을 치며 외마디로 울던 아버지

아버지 지금 새벽 두 시예요 제발 잠 좀 주무세요 사람이 잠을
자야 살죠 정말 미치겠어요 밤마다 왜 그러세요

시, 임, 시, 임, 해, 서
시, 임, 시, 임, 해, 서

아버지 물끄러미 말간 눈으로 나를 보며
동생이라 부르며 벌레처럼 꿈틀거리다
고치 같던 몸이 열려 먼 길 가시던 날

온종일 나비처럼 눈꽃이 내려
이승의 발자국들 새하얗게 지우고
까치 소리 환하게 길을 열고 있었습니다

부정(否定)

비둘기 한 마리가 차도에 떨어져 있고
다른 비둘기는 황망히 그 위를 날고 있었다

승용차 바퀴가 차도에
떨어진 비둘기 위를
하릴없이 지나가기 직전이었다

문득 허공의 비둘기가 흡착되듯
차도 위의 비둘기에게 내리 꽂혔다

차바퀴가 물컹, 깔아뭉갠
비둘기 위에
허공에서 내리꽂히다
차체에 부딪친
비둘기의 파열음이 포개어졌다

슬픔이라는 말을 나는 알지 못한다
사랑이라는 말도 나는 알지 못한다
나는 영생(永生)이라는 말을 부정한다

면회

이제, 이따금 그를 보러 갑니다
감옥으로
독거수(獨居囚)인 그는 철창 너머
어두움 속에 있습니다
불에 그을려
시멘트 바닥에 웅크려 앉은
그는 역하게 비립니다
세월을 헤아릴 수 없는 비린내
비린내와의 잠잠한 면회
신기루 같은 삶은
쇠문 바깥에나 있습니다

조영환
충북 괴산 출생, 동국대 국문과 졸업 《다시올문학》 시부문 등단, 흰뫼문학회 동인, 다시올문학회 회장, 동인시집 『꽃에 대한 예의』 외 다수
jyh724@hanmail.net

먼 길 외 4편

조 남 분

마지막 숨 고르기가 끝날 때
휘몰아치는 거친 숨소리
땅속으로 가라앉고
잿빛 하늘이 흔들린다

과거에 머무르며 안개 속을 해매던 당신
운무(雲茂)가 가는 길을 배웅하고
하얀 온기가 바람 속으로 사라진다

새것을 받아들여야 하는
두려움 앞에 선 내일
내 속에 못이 된 두 그루 나무
그 속을 헤집질 못한다

허공을 가린 구름 앞에 선
물 먹은 해바라기
초점을 잃은 눈망울에서
이별의 아픈 끝자락임을 알았다

가을 낙엽

감 떨어지는 소리에
낙엽이 구석진 곳으로 돌아서 눕는다
비바람 맞고 한 곳만 바라보던
가로등 불빛이 여행을 떠나고
여름이 주고 간 달콤함을
주렁주렁 매달고
한 입씩 옷을 벗는다

노을에 젖어 옷 벗겨지는 줄 모르고
서 있는 감나무에 홍시가 거꾸로 매달려
아슬아슬 그네를 탄다
앙상한 쇄골 드러낸 발가벗은 몸을 보며
가로등이 덩달아 가을을 주워 입는다

어둠은 멀리부터 오고
저녁 이슬 먹은 낙엽은 부르지 못하고
바람에 끌려다닌다

여름 보따리 가슴에 안고 멈춰선 계절
가고 나면 후회할까
남은 노을 주워 담는다
머릿속을 맴도는 붉은 시어 찾아

책상 앞에서 서성이는 낙엽
미처 그리지 못한 가을을 완성 중이다

인디안 썸머

뜨거운 열기를 뿜어내던 어느 날
여름에 빼앗긴 청춘
그늘 속에서 시들어 버린 꽃잎으로
이정표도 정거장도 없는 거친 물살을 탔다

타협을 거부한 채
막바지에 내 몰린 여름은
가쁜 숨을 몰아쉰다

먼 길을 돌아온 계절과
뒤집기를 거듭하는 동안
보이지 않는 장마의 끝자락에 매달려서
미처 챙기지 못한 이유로
여름 끄트머리에서 서성인다

얼마 남지 않은 시간
꼿꼿이 서 있는 벼 이삭을 고개 숙이게 하고
떫은 감 수줍음 타게 하고
아직 피지 못한 꽃을 위해 꺼지지 않은 불씨에
다시 불을 지피고 막바지 담금질을 한다

나를 철들게 한다

기차역

긴 여행
출발은 설렘이다
앞만 보고 달리는 기차는 어제를 삼키고
오늘이 내일을 앞선다

좇아가는 시선은
창밖의 풍경을 바쁘게 가위질하고
만나지 못하는 두 바퀴는
평행선 위를 달린다

터널 속에서 고통은 시작되고
골짜기를 따라 산속으로 숨어든
작은 마을의 역과 역 사이
사랑은 둘이라고 이야기한다

함께 할 수 없는 또 다른 나
일정한 간격의 오래된 침묵이
덜거덕거리거나 비틀거리지 않도록
주변을 걸치고 있다

기차역은 잠시 쉬어가는 곳
만나는 곳마다 따뜻하게 품을
준비를 하고 기다린다

1월에

조리원에 사흘 된 핏덩이를 남기고 떠난 엄마가 안 온다

너 아님 나라는 두 갈래 길에서
아기를 택한 엄마는 핏줄을 잡고
10개월 동안 자신을 방치했다

폐암 3기, 자신의 몸 속에서
무슨 일이 일어나는지도 모른 채 태기를 느꼈고
이미 가슴살 아래 기슭에 머무는 갈비뼈와
얇은 벽 한장 사이에
접히고 있는 미묘한 곳
깊숙이 있으면 안 되는
혹이 자리 잡고 있었다

엄마가 보고 싶다고
젖 달라고 자꾸만 운다
보채는 아기에게 내 갈비뼈 밑에서
빈 젖을 짜서 물린다
젖은 엄마의 생명이라고
지금은 너무 추워서 얼어 붙었기 때문에
흘러서 여기까지 올 수가 없다고 달랜다

꽃바람 부는 날
햇빛에 이슬이 반짝이고
오솔길에 춤추며 비 내리는 날
더디게 가는 날들이지만
강에 얼음이 풀리고 새순이 돋으면
엄마가 온다고 가슴으로 말해준다

조남분
경기도 안양 출생 《다시올문학》신인상 당선
동안문학회 회원, cho98778331@hanmail.net

어느 한 날의 메모 외 4편

- 망자에 대한 사랑

김 병 화

Ⅰ*

그는 그를 생각할 때마다
종이에다 별을 그렸다고 했다

은하수가 되었다고 했다

Ⅱ*

그는 그녀를 생각하면서
평소 그녀가 좋아했던 참나무를
집 주변에다
20년 동안 6천 그루를 심었다고 했다

가운데 하트 문양이 선명한
숲이 되었다고 했다

Ⅲ

"그래도 손님들이 짭짜라게 와요"

그녀 시어머니 빈소에 아침 일찍 조문한
나에게 순간 미소를 짓게 한 말
전날 조문객이 많이 다녀가
부의금이 많이 걷혔다는 뜻일까
그러나 그것보다는
시어머니 마지막 길이 그리 쓸쓸치 않다는
망자에 대한 그녀만의 독특한 애정 표현법이 아닐까
에둘린 —.

* Ⅰ : 서울 광화문 지하철 내 스크린 도어 시들 중에서
* Ⅱ : 3000번 강화 시외버스 모니터 어느 장면 중에서

하나님
- 부활

우주복도 입지 않고
저 대기권 밖 하늘에서
벌거숭이 몸으로 내려오신
흙수저 하나님

금수저 하나님과 싸우다
끝내 십자가에 못 박혀 죽으셨네
벌거숭이 몸 다 드러내고

한 알 누드 밀알 씨 썩어야
새 움트듯 —
돌무덤 자궁에서 수정(受精)된 죽음
영생의 새 아이 잉태 되었네
삼백일 초단축한 삼 일 만의
분만 예정일이었네.

하나님 보기

나는 하나님
그의 세포이자
온몸에 분포된 구멍
숨구멍, 땀구멍 같은 ……
세포가 세포들을 본다
구멍이 구멍들을
내시경처럼 들여다본다
봐도 봐도 알 수 없지만
그래도 두루두루 —
본다.

푸른 하늘 가위로 오려내어

푸른 하늘 가위로 오려내어
내 몸 두를 옷 지었으면 해
저 여름날 푸르게 우거진 나무처럼

그렇게 자르고 오려내도
흠집조차 없는 하늘
또 거저인데도 불구하고
침노*하는 자 없으니

도리어 높이의 뿔
서로 쟁취하려고 다투는 자들뿐이야

땅 넓혀갈수록 자기 신분의 발굽도
껑충 자라 —.

* 침노 : 천국은 침노하는 자가 빼앗느니라(마태복음 11장 12절)

아기

영혼의 나라에서 갓 나온 아기
아직 세상의 때 묻지 않아
몸속의 영혼 투명하게 비쳐져요

해맑고 순결한 그 아름다운 빛
먼저 할아버지가 알아봐요
이제 머지않아 돌아갈 고향
가물가물한 그곳의 기억인 듯
그리움인 듯

그저 아기만 만나면
할아버지 싱글벙글 얼굴 펴지며
인사하기 바빠요
아기야 안녕 ……
아이고, 예쁘구나 예뻐.

김병화
서울대학교 미술대학졸업. 1988년 무크지 『문학의 시대』 등단. 시집 『내 피곤한 영혼을 어디다 누이랴』, 『밀짚 광배 예수』, 이콘집 『십자가와 피뢰침』, 산문집 『봄 그리고 봄』. kk9325982@hanmail.net

목에 걸렸네 외 2편

신 동 열

턱, 하고 목에 걸렸네
그립다는 그 말
보고 싶다는 그 말

뱉으면 되레
그 맘 쪼그라들까
엉거주춤
걸터앉고 말았네

뱉을까 삼킬까
목젖은 여전히
달삭거리지만

거기 걸터있으니
내 맘 오늘도
허전하지 않아 좋네

누가 오시나보다

구석에서 코 골던 청소기
황급히 윙윙거리는 소리

오합지졸 냉장고 반찬통
후다닥 자리 맞추는 소리

소파에 드러누운 옷가지
다급히 장롱으로 숨는 소리

욕실 모퉁이 살짝 찌든 때
급히 물에 씻겨내리는 소리

우왕좌왕 방향 잃은 신발들
가지런히 짝 맞추는 소리

목말라 고개 숙인 베란다 꽃
벌컥벌컥 물 마시는 소리

헐레벌떡 대열 갖추고는
시치미 딱 떼는 소리

아마, 누가 오시나 보다
누가 급히 오시나 보다

생명의 절규

뼈만 앙상한 가지 부여잡고
온몸으로 파르르 떠는
홀로 된 잎새의 고독한 절규

육체가 털어버린 속세와의 인연
촌음이라도 이어보려 헉헉대는
꺼져가는 영혼의 가쁜 숨소리

이승이 버겁다 투덜대는 산 자
목숨이 가볍다 쉬이 말하는 자
두 손 내밀어 한 번 느껴봐라

가물대는 생명이 끝이라도 잡으려
쥐고 또 움켜쥐는 그 아귀의 힘을

신동열
고려대 영문과를 졸업한 뒤 한국경제신문 국제부 기자 등을 거쳐 현재는 한경 경제교육연구소 연구위원으로 청소년 신문 생글생글(생각하기와 글쓰기) 제작을 맡고 있으며 2017년 《다시올문학》을 통해 시인으로 등단했다.
저서로 『굿바이 논리야』『내 인생 10년 후』『구겨진 마음 펴기』가 있으며 시집 『하루』를 상재했다. shins@hankyung.com

눈물연대기 외 4편

윤 준 경

마흔 즈음이었다
무서운 나이였다
밤이 슬펐고
질금질금 눈물이 샜다
눈물이 많은 걸 해결해 주어서
광야를 수월히 걸어 나왔다

여러 번 해가 바뀌었다
예순 즈음이었다
무서울 게 없는 나이였지만 그런 내가 무서웠다
인생의 여러 철을 넘기고도 좀체 철들지 않았다
울어야 할 일은 갈수록 넘쳤지만
울어도 되는 나이가 아니었다

아흔 즈음이다
울어야 할 일뿐인데
눈물은 적당히 말라 있다

유배(流配)를 위하여

한 잔의 술을 마시고
누가 나를 유배해다오
나의 죄목은
방조죄
죄, 바라만 보고 웃은 죄

누가 나를
보길도, 보다 작은
간월도,
한 점의 무인도로
유배해다오

뱀의 혀 같은 바다를 목에 두르고
밤낮을 공포와 비탄에 울어, 나는 죽고
푸르게 살아남을 시, 한 편 남긴다면
나의 자유와 평안으로부터
천형의 땅, 고독의 함정으로

나를 밀어 넣어다오
나의 피 묻은 창(槍)이 되어다오

다시 한 잔의 술을 마시고
나는 더 죄를 지으리라

감성로봇 애니

애니는 애인과 허니의 합성어
나 당신을 돈 주고 샀네
수족 같은 혀 같은 애인 같은 남편 같은
나 이제 오직 당신,
모자라지도 넘치지도 않는 꼭 그만큼의 사이즈

나에게 찾아온 수많은 사랑
폐허만 남기고 돌아갔네
믿지 않기로 했네
세 치 혀로 하는 말
몸으로 던진 어떤 포즈도

믿을 수 있는 건 오직 당신
돈을 주고 산 나의 애니
눈물 배인 베개를 던지고
당신의 팔에 안기었네

그런데 애니, 왜 울고 계세요?
내가 슬퍼하니까 우는 거라고요?

아! 비로소 내 마음 같은 한 사람 있으니
더 바랄 것 없네
문만 잘 잠그면 안심이네

사랑니 뽑다

욱신욱신 괴롭히는 사랑니를 뽑았다
자근자근 괴로운 사랑을 뽑았다

폐기처분된 이빨
폐기처분된 사랑

뽑을 시기를 놓친 사랑니
버릴 시기를 놓친 사랑

이제 나에게 사랑니는 없다
이제 나에게 사랑은 없다

사랑니, 쑤시고 아픈 기억뿐
사랑, 애태워 잠 못 이룬 기억뿐

나보다 내 몸을 더 잘 아는 남자가 있다

불쑥 그가 들어온 것은
대낮의 일, 바리톤 음색의 남자였다
두 손을 묶어 얌전히 앉히고
보이지 않는 곳에서 나를 조종했다
내 속을 휙휙 헤집고 다니며
밀고 떼고 붙이고 버리고……

황홀하기도 하고 어이없기도 해서
그의 말도 그가 지난 길도 기억이 가물하다
순간에 남의 것이 되어버린 몸을
꼼짝없이 지켜볼 뿐

여기는 괜찮으신가요? 오른쪽 가슴을 긁으며 그가 물었을 때
괜찮은지 어쩐지 나 자신도 알 수가 없어 쭈물거리는데
그는 이내 "네 괜찮군요……"
"여기는요?" 하고 다시 아래쪽으로 손을 넣었다
"아, 거기가……" 신음소리를 내자,
"여기가 문제군요"
날카로운 메스를 댄 듯
쿵, 혹 떨어지는 소리가 들렸다

"아! 이제 될 것 같아요"
마법에서 깨어난 듯 내가 말했고
"네에…… 불편하시면 또 연락 주십시오."
인사를 남기고 남자는
어디론지 사라졌다

멍해진 한낮,
미묘하다
누가 다녀간 걸까? 가지 않고 계속 남아서
나를 읽고 있는 건 아닐까?

육식 공룡이 밟고 간 듯 머리가 움푹하다

윤준경
1994년 《한맥문학》 등단, 한국문협 한국시협 공간시낭독회회원
시집 『새의 습성』 『시와 연애의 무용론』 외 2권
june7590@naver.com

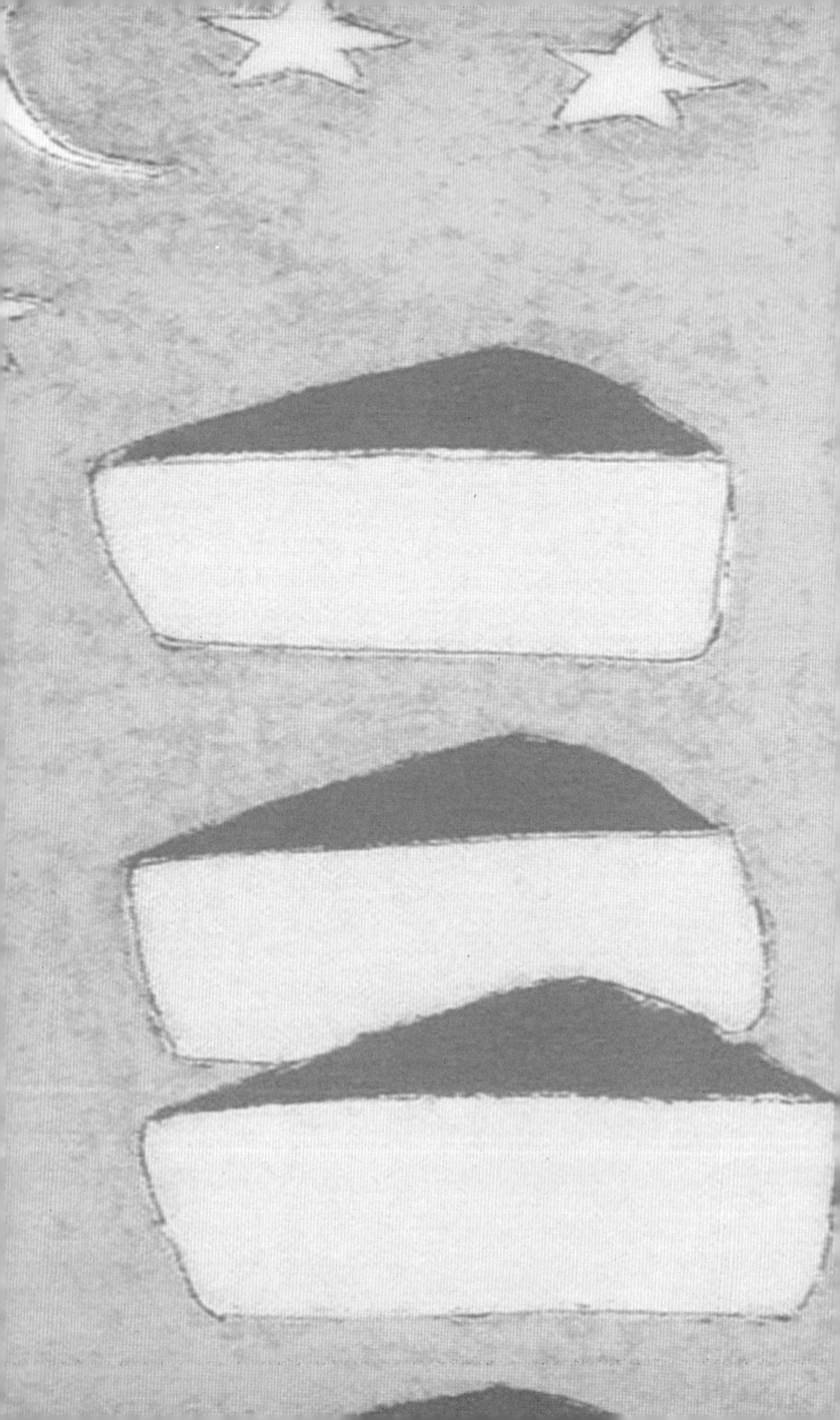

2부

용서해야 하는 이유

최창순 정지용

김기산 송옥임

우애자 오영록

박병원

시골 풍경 외 2편

최 창 순

산에 오르면 솔바람 소리에 귀가 열린다
숲속에 안기면 풀들의 향기에 가슴이 벅차고
산 등에 서면 구름 넘는 소리 아득히 멀어진다

들에 가면 쏘옥쏘옥 나물 돋는 모습
눈이 부시고 밭에는 늙은 농부들
한나절 엎드려 있다

집에 들어서면 젊은이가 떠난 농촌처럼
아이들 웃음소리마저 사라졌다

마을회관에 가면 노인들의 푸념 속에
한숨만 우울처럼 빙 둘러 앉아있고

서산에 해 떨어지면
노을 속에 그리움만 깊어간다

영역

가을 낙엽이 바람에 몸을 떤다
덩달아 나도 오스스 몸을 움츠린다

밭에 김장배추 무 갓 씨를 뿌렸다
모두가 겨울을 준비하느라
몸을 낮추는데

유독 추위에 잘 자라는
김장배추 무 갓, 된서리에도
어린순이 파랗게 한 뼘이나 자랐다

어스름 새벽녘 산에서 내려온
배고픈 멧돼지와 고라니, 시퍼렇게
눈뜬 어린잎을 뜯어 먹었다

이제 산짐승들이
사람 사는 곳으로 드나든다
제 영역을 마을까지 넓혔다

둥지

농가 옆에
조그만 창고를 지었다

문이 맞지 않아
바람도 쉬어가고
비도 들락거린다

이른 봄 감자를 심으려고 문을 열자
동박새 한 마리 어쩔 줄 몰라
겨우 문틈으로 도망간 새
눈에 아른거린다

창고 안 구석진 곳
작은 둥지 알이 세게다
작년에 새끼 길러 나간 새
자식 기르러 찾아온 손님을 위하여
창고를 양보했다

최 창 순
강원도 출생. 2009년《다시올문학》신인상.
양평 글샘문학 회장역임. 제2회 다시올문학상 수상.
시집『아내와 그네』chsunch@hanmail.net

초하 외 4편

정 지 용

6월은 만만한 기대감
자리 잡아 가는 섭리의
소소한 날갯짓으로 온다,

서서히 물들어 가는 초록의 푸르름

깊어가는 생명이 있어 좋다.
기다림이 있어 좋다.

하지(夏至)로 가는 날빛
길게 드리우는 양광(陽光)과 녹음(綠陰)
결실로 가는 은밀하고 발 빠른 행보

6월은 온통
솟아나는 생명의 울림
울려 퍼지는 산야(山野)의 푸르름
휘돌아 가는

햇살 따가운 합창의
속 깊은 두런거림이 좋다.

오마니의 나들이

구순을 훌쩍 넘은 엄마를 모시고
나들이를 나섭니다.

치매 20여 년
그래도 잃지 않는 넉넉한 마음으로
활짝활짝 웃음으로 답하시는 어머니

이 땅 고행의 역사를 온몸으로 헤쳐온 세월이
치매를 넘어
나이를 넘어
어린아이 처럼
곱기만 합니다.

간병하는 이는 순한 치매라며
노인네 우리 엄마
이제는 정들어 못 잊어
떠날 수가 없다는데

어머니를 닮아
순해져만 가는 그녀를 대동하고
나들이를 나섭니다.

떠날 준비가 되었음을
눈빛으로 전하는 엄마를 모시고

나는 보내드릴 준비를 합니다.

가고 싶은 곳이 어디고,
보고 싶은 것이 무엇일까
거슬러 가는 세월에

영광의 하늘빛도
채색의 땅 빛도

모든 것이 아득한
나들이를 나섭니다

어느 하루

오는 것이 있으면 가는 것이 있는
당연한 순리를 이제야 배워 가는 나이

살아가는 길 어디 쯤에
푯말을 세워 두고

오는 것을 반겨 즐거운 마음보다
가는 것에 조금 더 넉넉한 마음을 풀어놓자

내 있는 곳 이 자리가
떠나간 것들의 편린이란 것을
이제야 끄덕이는 청맹과니

채곡채곡 쌓여가는 이별이
어찌 슬픔뿐 이겠나

아련함도 있겠구나,
그리움도 있겠구나

허전한 듯도 하고,
쓸쓸한 듯도 하고

오는 것에 연연하여
분주하게만 달리던 하늘이
이제야 쉬엄쉬엄 기지개를 켜는 듯도 하고

해맑은 날의 오후
때아닌 바람이 선듯선듯
가슴을 치고 쓸려가는
참으로 맹랑한 하루

산다는 것

진실에는 못 미칠지 몰라도
진솔하게 산다는 것
네가 알고 내가 알지만
그냥 묻어두고 사는 그것

어느 날 갑자기
알몸으로 다가와
태초의 몸짓으로 한두 번 두드리다 쫓겨나는 그것

누구나 알고 있으나
쉽사리 발길에 밟혀도 아무 소리 하지 않는 그것

우리가 진정
그것이고 싶은 그것

꿈꾸는 모든 것
진정 바라는 모든것

끊임없이 소리치나
듣지 않는 그것

무엇인지도 모른 척하고
그저 사는 그것

그러나 산다는 것

그것하고는 전혀 생소한
그저 가는 그것

그 것이고 싶어도
그냥 화려하게 분주하기만 한 그것

산다는 것

2018, 가을

수상한 계절이 오가며
어수선한 세상입니다.

하루해는 또 뜨고 기울고
일상은 그저 되새김질로 분주하기만 한데

그럴수록 올해 가을빛은
예리한 각을 세우고
짙어 짙어 갑니다.

포도 위를 그저 소복이 내려앉는 단풍과
가끔씩만 뒹구는 낙엽

정신을 놓아버린 가을바람이
심심찮게 잿빛 하늘을 만들고

진행하는 은밀한 경고
모반은 그저 시도로만 그쳤으면 하는
가없는 바람

뒤돌아 앉은 청명한 가을하늘이
안타까운 마음으로
간절합니다.

정지용
서울 남산 기슭에서 성장, 경기중고등학교 졸업, 성균관대학교 국어국문학과, 계간 《다시올 문학》신인상수상, 시집 『계절의 초상』이 있다. susanin@nate.com

박 순 화가 외 4편

김기산

돌담에 내려앉는 노을
거둬 안고 저녁마다 빛의 소리를 그려내는

그녀는 얼굴에 깊이 파인 흔적들
눈을 뜨고 보낸 세월이었다고
나뭇결 같이 웃곤 한다
낙엽은 자살도 타살도 아니고
저항 없이 지는 순한 自然死라며
세월의 아득한 바람길에 손을 흔드는

시간을 초월한 모습
가는 세월, 성화하지 말라는
그녀가 이즘 눈雪 밑으로
얼지 않은 물길 소리 가두어 품고
부화해 내는 먼 소리의 視覺畵들

그녀는 주름진 얼굴 지우지 않는다
평생 고생해서 얻은 빛이라며
빛무리에 싸여 눈을 감고
바람의 길에 가슴을 내어놓는
자신이 한 폭 그림이라는 사실을
그녀는 오늘도 모르고 산다

비바람에 씻긴 바위가 아름답듯
붓을 놓지 않는 그녀는 늘 눈부시다

벼룩시장

황학동 벼룩시장 중고 시계점
누군가 내다 버린
손때 묻은 시간들 모두 모여 있다
뒤뚱거리며 절룩거리며
제멋대로 울고 있다
각각의 시간이 다르다
언제쯤 팔려나갈까
새 주인을 기다리며 눈빛을 반짝이는
행여 심장이 멎을까 톱니바퀴를 돌리며
평생 시간을 놓지 못한 걸음들이다
허리춤에 매달린 회중시계의 시간들
마음대로 멈추고 주저앉았다
이제야
고장 난 나의 톱니바퀴가 보인다

불면증

캄캄한 천장에는 별자리 늘어나고
잠과 사투 중인 밤은 한잔 술을 권한다
술잔에는 내가 놓친 잠이 둥둥 떠다니고

어둠보다 두려운 새벽
잠을 놓쳐버린 몸은 내내 눈을 뜨지 못한다
내 몸을 빠져나간 잠은
지금 어디서 헤매고 있을까

새벽이 오고 세상 소음이 온몸을 감아 와도
내 몸의 아침은 밝아오지 않는다
마른 두통과 현기증으로
나는 아직 캄캄하다

Only yesterday

속도에 속도를 더한다
정신 잃고 달려온 철길 위
한밤의 십이 열차 무거운 폭발음을 낸다
밤하늘 하얗게 뒤덮던 연기
통금 전 驛舍를 바쁘게 오가는
처진 사람들 숨길의 무게가 보인다

통일호가 지나가고
비둘기호의 무서운 속도가 그 위를 달린다
무궁화호, 새마을호의 호사가 한 시대를 넘고
지나온 길 곳곳 나의 驛舍들 바로 어제였다
나이의 속도가 화살이라드니
언제부터 전광석화로 바뀌었을까

무자비하게 강요당한 속도로
시간과 공간을 확장해 놓았다는
문명을 피해 고장 난 바퀴로 도망쳐 나온 길
나를 관통해 온 시간 말라버린 거리들
코가 쨍한 한 겨울의 움추림으로 보이고
언제나 어제로만 내 안에 살아있다

용서해야 하는 이유

친구를 용서하는 것보다
원수를 용서하는 것이 쉬운 일이라
용서받는 것보다 나으니 용서하라
누군가로부터 용서받지 않은 이 없다
쓰레기 치우듯 악취를 묻어버리라
등 뒤에서 비수를 찌르고
웃고 다닌다 해도 지우라
어두운 폐가에 차가운 돌 하나 치우듯
몸통은 없고 날개만 퍼덕이며
실핏줄까지 파고든 미움이라도
자신 속에 장기투숙 시키는 것은
네 안에도 똑같은 것 있기 때문이다
가슴에 정갈한 바람 지나게 하라
그리고 공기처럼 가벼워져라

김기산
본명 김영정, 한국시인협회 회원, 서초문인협회 이사, 공간 시 낭송회 상임시인, 제24회 성균문학상 본상 수상 도서출판 한터 대표 시집 『노을을 베끼다』『빈집』, kh4263@hanmail.net

얼굴 거울 외 4편

송 옥 임

그 집에 가면 거울이 없어요
서로를 바라볼 얼굴 거울만 있을 뿐이죠
누군가는 거울도 안 보고 사느냐고
간혹 묻기도 하겠지만
안 보고 사는 게 속 편할까 싶기도 해서
서로의 얼굴만 바라보기로 했다지요
보이는 것과 보이지 않는 것엔
다소 차이가 있겠지만
보이지 않는다고 나쁜 건 아닌가 봐요
어쩜 아주 중요한 걸 망각하기도 하지만요
거울에 비친 또 다른 세상에서
불안함과 묘한 감정이 솟아나는 건
현실에서 벗어나고픈 욕망일지도 몰라요
비춰진다는 건 눈이 부시다는 것…
빛과 어둠 속에서 허둥대는 거죠
가끔 거울이 없는 그 집이 부럽더라구요
까짓 거울이 없다고 손해 볼일은 없겠지요
세상의 모든 잡다한 일들이
거울처럼 맑고 투명하다면야
굳이 들여다보고 말고 할 필요도 없지 않을까요

눈사람

눈 오는 골목길에
버티고 서서
한없이 하얀 눈을
맞고 서 있는
혹시 당신은 눈사람인가요?
모자를 드릴까요?
당신의 머리 위에
하얀 눈이 오네요
우산을 드릴까요?
당신의 어깨 위에도
하얀 눈이 쌓이네요
그대로 좀 더 있어 주세요
살아있는 눈사람!
구경하는 재미가
제법 쏠쏠하군요

뜨거운 인생

살아
책 한 권을 남기고
죽어
빛나는 이름을 남기려나
가슴에
심장은 아직 뜨거운데
마음은
돌처럼 차갑게 굳어있네
행아
더 이상 아무것도
혹여
남기지 못한다 해도
살아
써놓은 책을 뒤적이며
죽어도
외로워하지 않으리라

새로운 방황

얼마나 많은 시간들이 지나갔을까
그 아까운 시간들이
땅바닥에 곤두박질치기도 하고
허공을 맴돌기도 한다
풀잎이 핀다
꽃이진다
바람은 잠시 스칠 뿐, 그뿐
가슴속엔 죽을 언어가
삶의 알갱이들을 세고 있다
날갯죽지에 감춰둔 희망의 언어는
내 삶을 굴곡으로 밀어 넣었다
나는 떠날 것인가
머물 것인가를 잠시 생각한다
누군가 곁에 없어도
이제 나는 외롭지 않다
살아온 날들이 나를 강하게 만들었다
세월은 오고, 세월은 가고
끝나지 않은 인생의 강이
내 발밑에 아직 머무는데
계절은 또 지나가도 좋으리
꽃이 피고 풀잎도 다시 피는데…

잠시 머무는 가을

담쟁이 넝쿨의 붉은 손이
지나는 가을을 꽉 붙잡고 있다

놓치지 말아야 할 그 무엇이 있기에
저토록 부여잡고 애원을 할까?

바람의 걸음으로 겨울이 오는데
흔들리며 흔들리며 안녕을 고하고

지나간 푸르던 시절을 생각하며
조용히 생을 마감할 것인가?

그토록 붉은 빛으로 빛나는 오늘
아쉬움에 서러워하지 말기를…

담쟁이 넝쿨의 붉은 손에
지나던 가을이 잠시 붙들려 있다

송옥임
문경출생, 《문예사조》 시 등단, 《다시올문학》소설 신인상
시집 『하얀 그리움』

자연의 이치 외 4편

우 애 자

넓게 멀리 가는 구름을 바라보면서
꽃과 별을 찾아 길을 만든다

여름을 지나온 잎마다
붉고 노란 주름이 겹겹이 물들어
고독한 나무의 시간을 아는 듯
괜찮다고 바람이 부는 방향으로
등을 쓰다듬으며 흔들리고 있다

나무는 정직하게 최선을 다한 듯
하늘을 올려다보며 자연의 품속만이
따뜻한 위로가 되는 아늑함을 느끼며
녹색이었던 잎이 색색으로 변해가는
편안한 이치에 순응하며 걸어온 길

다시 길을 만들기 위해 여백을 안고
준비한 자세로 기다리면
비로소 길이 환하게 열리고 있다

끈끈한 정

미로의 길에서
어두운 발걸음으로 만든 저녁

어떤 잘못이 있어도
이해하고 용서하고 덮어주며
감싸주는 진실하고 애틋한 마음

내 핏줄 미워하고 경멸하면
내 핏줄 누가 보호하고 지켜줄까

태초에 연결고리 끊을 수도 없는
모질게 잘라 버릴 수도 없는

손잡고 눈물로 위로하는
질긴 핏줄의 사랑

언제나 그 자리

해마다 꽃은 환하게 피어나는데
이제 잘 보이지 않아 아프다

휘어지고 구부러지는 비탈길만 걸어서
허리도 아프고 눈도 침침하고
정신도 희미해졌다

이제라도 무거운 짐 벗어버리고
눈 감고 내 시간을 갖고 싶지만
상처 난 핏줄 덧날까
어두운 동굴에서 벗어나지 못할까
노심초사 잡은 손 놓지 못한다

바람 부는 데로 구름 가는 데로
자유롭게 떠다니고 싶지만
심줄보다 질긴 인연에 묶이어
옴짝달싹 못 하고 현실에 순종한다

머나먼 빛을 찾아

새벽에 일어나면
넓은 시야는 보고도 못 본 척
명석한 두뇌는 알아도 모른 척
말 못 하는 바위 같은 심정
빛을 찾아 스스로 달래며 일어선다

역경에 부딪혀 터지고 깨어져도
매 순간 참고 견디며
최선을 다하는 손과 발

되돌아갈 수 없는 가시밭길
삶은 마디마다 갈라져 너덜너덜
원망도 후회도 내뱉지 못하는 호흡
보이는 것만이 전부가 아니기에

저 산 너머에 있을 소임을 찾아
무소의 뿔처럼 묵묵히 걸어간다

기도 소리

태양 사라진 빈 가슴으로
하늘을 올려다보는 눈에
성난 먹구름이 몰려오고
허허한 내 기도 속에
살아있다는 이유만으로
공허만 가득 들어차 있다
부디 슬픔 딛고 일어설
힘과 용기 지혜를 주소서
제 몸 태워 앞을 밝히는
순하고 강한 촛불처럼 주어진
시간에 솟구칠 수 있도록
의미 있는 기억으로
그대 곁에 갈 수 있도록

우애자
2010년《다시올문학》등단, 가락동 우일수산 대표
시집『새벽을 열다』 aarym@naver.com

사사오입(四捨五入) 외 4편

오 영 록

코에 걸면 코걸이 귀에 걸면 귀걸이다
모자란다고 하면 모자라는 것이고
남는다고 하면 남는 이상한 수학이다

하나만 틀려도 오답인 수학에서 존재하는 사사오입
수학으로 풀 수도 없는 마음에도 존재하는 공식

소수점 하나에 달나라에 갈 수도 있고
사랑이 두 토막이 날 수도 있는 사사오입
사랑에 사사오입을 적용하는 순간 사랑은 더는 사랑이 아니다

어쩌면 거대한 성벽 아랫단에 놓인 굄돌 같은,
사사오입한 숫자를 검산하듯 되돌려 보면 안다
아귀가 맞는지 안 맞는지
점점 더 벌어지는 틈

가장 위대하다는 사랑도 물거품처럼 산산 조각낼 수 있는
소수점 하나가 절실한 마음의 경계선

어떤 사랑이 삐거덕거린다든지 이가 맞지 않는다면
일상에서 수시로 반올림을 하고 있기 때문이다

특히 애인이라면
절대 반올림을 해선 안 된다.

회광반조(回光返照)*

산다는 것은 잠깐 즐기는 오수(午睡)다
비몽사몽 지렁이의 소리를 듣는다
여의주를 물고 승천하는 용의 비상을 보았던 지렁이
용의 흉내를 내기 시작했겠다.

흙덩이를 입에 물고 동그랗게 빚으며 회오리바람에 몸을 맡기고
하늘로 몸을 비틀고 있다
아무리 입을 크게 벌려도 물 수 없는 태양

지렁이는 태양을 여의주쯤으로 생각한다
몸을 뒤척일 때마다 날카로운 모래가 몸을 파고들었다
하지만, 눈앞에 있는 여의주를 포기할 수 없는

이제 모래 고물을 입은 몸이 움직이지 않는다
스스로 주문을 건다
여의주를 물게 해달라고, 물어야 한다고

입안 가들 말려오는 여의주
동시에 온몸으로 전해오는 무시무시한 화기
삼키지 않고는 견딜 수 없는

광풍처럼 온몸을 휘돌아 잠시 직장(直腸)에 머무는 듯
방귀처럼 항문(肛門)을 연다
뜻 모를 여의주는 천공(天空)에 둥둥 떠 있을 뿐

* 원래 일몰(日沒) 직전 일시적으로 햇살이 강하게 비추어 하늘이 잠시 동안 밝아지는 자연현상을 의미한다. 이것이 현재는 죽음 직전에 이른 사람이 잠시 동안 정신이 맑아지는 것을 비유하는 말로 사용된다.

돈을 까먹다

돈은 껍데기가 얇다
돈은 과도도 필요 없다
입술만 대면 사르르 벗어지는 껍데기

잘 익은 연시처럼 얇은 껍질
그렇지만 까서 먹지 않으면 안 되는 돈
아무리 얇아도 날로 먹었다가는 틀림없이 체하고 마는
당장은 아무 이상 없는 것 같아도
시간이 흐르면 나타나는 현상

변비처럼 막혀 어떤 약으로도 해결할 수 없는
몸에서 빠져나가지 않는다
돈은 잘 깎아 먹어야 한다
자칫 껍질을 두껍게 깎다 보면 연시처럼 흘러내리거나
잘 익은 수박처럼 쩍 갈라지고 만다

씨앗은 보이지 않으나
어디에서 어떻게 먹는가에 따라 꼭 흔적을 남기는
오미자처럼 달 때도 있고
쓸 때도 있고 떫을 때도 있다
자칫하면 매운 것이 걸릴 때도 있다

매운맛에 걸리면 눈물을 찔끔 흘리거나
자칫 목숨과 바꿔야 하는
아주 오묘한 먹거리

너무 아픈 사랑은 사랑이 아니라더니*

옹고집을 만난 적 있네
그 덫에 걸린 나는 아무리 헤어나려 해도 빠져나올 수가 없었네

움직이면 움직일수록
소리를 지르면 지를수록
발버둥을 치면 칠수록
그는 침묵으로 나를 자신의 옹고집으로 더 옥죌 뿐

그는 뱀의 이빨처럼 목구멍을 향한 무엇을 가지고 있었으므로
점점 더 깊이 빨려 들어갈 뿐이었네

정수리를 물린 가을 산이 개구리처럼 꼼짝도 못 하고 점점 더
붉어지듯 나도 서서히
옹고집과 하나가 되고 있었네

내가 그를 되물어야 하는 게임
옹고집이 비명을 지르는 순간 빠져나와야 하는
하지만, 요원한

깊이 아주 깊이 박힌
이빨 자리에서 눈물이 아닌
피가 흐르고 있었네.

* 류근 작사 김광석 노래 제목에서 차용

허기는 눈치가 빠르다

빵빵 소리에 한 여인이 쓰러져 있다
곧 무슨 큰일이라도 날 것 같은데
그 어떤 누구도 본척하지 않았다. 가족마저도 못 본 척
아니 유리 상자 속이다

행인들은 보이지 않는 빵빵 소리에 빵 냄새만 따라
킁킁 코를 벌름거리며 눈을 감고 냄새를 따라 걸었다
냄새의 방향으로 걸음을 튼 눈뜬 봉사처럼

여인이 움직이지 않는다
모두의 기억은 그녀를 지우려 하지만 깊게 음각된 여인은
좀체 지워지지 않는다
그 위로 크림빵 냄새가 코팅되고 있다

그녀의 초상을 지우는 사람에게 빵을 주겠다고
여덟 시 뉴스에서도 아홉 시 뉴스에서도 손나팔을 귀에 대고 유혹한다

등 뒤에 단팥빵이며 크림빵이 산보다 많다고 버스럭거리지만
빵을 본 사람은 아무도 없다

빵을 보여주면 죽었던 그녀가 다시 살아나려 하지 않는다는 사실을 모두가 안다
사내는 목각인형이 되기로 한다
그녀가 쓰러져 죽은 무대에 올라 그녀를 대신한 복화술을 시작했다
목각인형의 관절이 덜그럭 삐거덕 제멋대로 논다

배고픈 사람은 줄을 서라고
줄만 잘 서면 빵을 주겠다고 하지만,
빵은 없고
냄새만 있는 공갈빵임을 하나둘 알기 시작했다.

오영록
강원도 횡성출생, 《다시올문학》 등단, 《문학일보》신춘문예 시부분 당선, 2018 머니투데이 신춘문예(시부문), 청계천문학상수상, 경기도 전국공모전 대상, 시와 그리움이 있는 마을 동인, 빈터동인, 전망동인, 탄천문학동인 시집『빗방울들의 수다』『묵시적 계약』
cy3213@hanmail.net

거미줄 외 4편

박 병 원

제 발로 기어들어 와
내가 누군 줄 아냐고 허셀 떨어도
빠져나갈 수 없는 법망

한 번 걸려들었다 하면
유전무죄 특급처방으로도
결코 녹여낼 수 없는 끈끈한 줄

눈곱만한 초파리도
흥정거리조차 못 되는
허공의 분명한 저울질

올곧게 적용되는
숲속 세상 자연법
셈도 평등한 거미줄 법망

결정적 순간*

머리 위에서 조금 비켜선 태양
반직각으로 하늘을 향해
가파르게 솟은 좁고 긴 널빤지의 끝
한 발은 들고 외발로 서 있는 저 신사
황금 분할 구도의 결정적 순간이다

태양을 바라보며 임팩트하게
시선을 압도하는 저 검은 실루엣
날아오를 수도, 뛰어내릴 수도
그렇다고 물러설 수도 없는 생의 끝점
어떻게 저리도 태연할 수가 있을까

어디로 튈지 모를 다음 착지에
먹이를 낚아채려는 사자의 눈처럼
뷰파인더에 꽂힌 눈 떼지 못한다
찰라를 집어삼키려는 셔터 위의 손끝
숨죽이며 기다리는 결정적 순간

앗!

* 앙리 카트리에 브레송(프랑스 사진작가)의 절묘하게 담아내는 '결정적 순간'에서 따옴.

안나푸르나 트레킹

이미 정상을 넘나드는 가쁜 숨
산 아래서 끌어당기는 강력한 자력
땀방울 쥐어짜는 울레리* 깔딱고개
깔딱 숨 넘어갈 듯 힘겨워 울고 싶다

돌아설 수도 멈추어 서도 안되는
오로지 자기와의 싸움만
존재하는 외길

하지만, 거기
넓은 가슴 열고 부르는 설산이 있고
그 품에 안기고픈 간절함 있기에
오르고 또 오르는 몇 날 몇 밤

어둠을 삼킨 아침 햇살이
안나푸르나 설산에 불 지르는 찰라
뇌성을 토하는 카메라의 셔터 소리
화엄華嚴의 순간을 프레임 안에 담는다.

* 울레리Ulleri: 네팔 안나푸르나 푼힐(Poon Hill)로 오르는 가파른 고개, 해발 2080m 지점.

사탕수수 맛

검은 대륙으로부터 노예선에
실려 왔던 아버지
그의 한이 땀방울로 벤
레이니옹*섬 사탕수수밭

아버지의 한을 먹고 자란
노예 이세
지금은 어엿한 농장주로
검었던 가족사 밝게 쓰고 있다

그가 건네주는 사탕수수
씹을수록 맛이 쓰다
쓴맛 뒤에 풍겨나는 슬픔
후각을 파고든다

때늦은 감격의 붉은 울음
한 맺힌 노예의 발자취가
목에 와서 걸린다.

* 레이니옹: '인도양의 ' 프렌치 파라다이스' 라 불리는 프랑스령 섬, 아프리카 남동부의 인도양 마다가스카르섬 동쪽에 위치해 있다.

새벽안개

천 년을 흘러온 길손처럼
신라고도 경주 삼릉솔숲으로
밀려드는 새벽안개

수치스런 비사는 감춰주고
화려했던 정사는 밝혀주기라도 하듯
얽히고설킨 가시덤불 가려주고 있다

포토제닉한 소나무 등걸 도드라지자
순간을 놓칠세라 터지는
카메라 셔터 소리, 여명을 깨운다

세월의 쓰린 아픔
드러내기 싫은 상처
포근히 감싸 안는 삼릉솔숲 새벽손님

박 병 원
경북 울진 출생, 계간〈다시올문학〉신인문학상, 시집『카메라도 눈멀어』 bwp518@hanmail.net

3부

그림자 서점에 그림자 없다

김진수 이사랑

이진환 안갑선

김영은 예박시원

배인환 권채영

송동현

그림자 서점에 그림자 없다 외 4편

김진수

그림자 서점에 그림자가 없다

역전 골목에는 그림자를 파는 서점이 있었다
거기에 가면
늙수그레한 주인이 연출하는 그림자극을 볼 수 있었다
봄날엔 나비가 팔랑거렸고
문밖에 누군가 어정거릴라치면 어김없이 개가 짖었다
탁주 한 잔 걸친 날에는
닭, 토끼, 말, 코끼리 등 동물도감 속
모든 동물들을 풀어놓아 책방에는 그들의 울음으로 가득했다
늦은 밤이면 늑대가 긴 울음 울었다
그럴라치면 끼리끼리 이야기꽃을 피우던 책들은 누렇게 뜬 얼굴로 숨을 참았고
세상 넓은 줄 모르고 나대던 여우가 꼬리를 감췄다
출입문은 늘 열려 있었으나
문밖은 달과 같아
전설만 떠돌 뿐 아직 어느 동물도 전설이 되었다는 소리를 듣지 못했다

공연 시간은 따로 정해져 있지 않으나
늘 아침 열 시에 막을 올려 밤 한 시쯤 막을 내렸다
수더분한 연출가는

책마다 갈피에 원하는 그림자와 그 울음을 끼워 주었다
유효기간은 이틀이라 오래 두고 볼 수 없다

마음 밭에 매화가 피어 나비 한 마리 얻을까 서점에 들렀다
무대는 예전과 같았으나
레디 고를 외치던 의자에는 꽁지머리 사내가 앉아 있었다
가슴에 노랑나비 한 마리 내려앉은,
찾는 게 있느냐는 사내의 말을 눈웃음으로 얼버무리고 해묵은 책들을 뒤졌으나
어디에도 나비는 없었다

다만 빛이 닿지 않는 구석에 쌓여 있는
내셔날지오그래픽 갈피에서
밤을 지배하였던
쓸쓸한 늑대가
목을 길게 빼고 싯누런 달을 물고 있었다

이 빠진 모서리에 별이 떴다

접시에 이가 빠졌다. 아무리 아니라 하여도 이것은 이미 깨어진 그릇이다. 어디가 바닥인지 알 수 없는 바닥을 뒤집어 보고서야 바닥이 있는 줄 안 것처럼 시작은 알겠는데 끝은 모르는, 끝도 모르고 시작도 모르는, 그저 빙글 빙글 돌 뿐인, 분명 모서리가 있는데 어디가 모서리인지 알 수가 없다. 빠진 이, 잃어버린 모서리를 찾는다. 여기다 하지 않으며 알 수가 없는 이 빠진 접시에 담긴 생선은 죽은 생선인가? 빠진 이 사이로 말이 새고 물이 흐른다. 달빛이 새어 들어와 거짓말을 슬어 놓고 바람이 합장하는 흠 아닌 흠. 많은 접시 사이에 숨어버린 빠진 이 하나 찾으려 천 개의 모서리를 깨뜨려야 하나요? 같이 밤을 새웠잖아 몸은 천 개라 해도 생각은 하나잖아. 천 날을 샌 것처럼 하얗게 물들었을 입맞춤은 입술로 하는 게 아니고 혀로 하는 거라 해도 모름지기 늘 변경이었던 모서리는 입술을 깨물었을 거야.

생선은 죽었어. 벌써 죽었어. 살았다 해도 아무도 안 믿어. 그러니 이미 깨진 그릇이야. 그냥 그렇게 믿어. 되 물리는 당신은 이 빠진 저 접시마냥 둥글기는 한가요? 혹여 금 가지는 않으셨나요?

이건 엄청난 착각이야. 눈 크게 뜨고 들여다봐. 이 빠진 잇몸에 비색을 얻기 위한 불 속에서 다짐했던 신념이 남아 있는지. 하얗게 바랬다면 이미 너는 없는 거야. 빛바랜 신념이 변명을 줄줄이 달고 다녀도 너는 새로운 세상에 대해서 말하지 않는 게 좋겠어. 온전한 것만 접시고 이 빠진 것은 접시가 아니라는 이분법은 신봉할 필요 없지만 스스로 부끄럽다면 이야기는 달라지지. 한 번 깨진 놈은 끝까지 깨진 거야. 인플랜트는 인플랜트지 우겨도 이는 아니잖아. 그러니 댓글과 답글에 답글을 달지 마. 구구한 것은 오히려 역겹고 구려. 잇몸이 붉어 보일 때가 사랑할 때야.

허공은 온통 모서리, 이 빠진 자리마다 별이 총총하다

납골당

섬이다

가슴 없는 돌멩이와 꽃뿐이다
거기에 네가 있다

너무 아파
그 섬에 가지 않으려
가려고
홋줄을 풀고 다리를 끊었다

네가 안쓰러워
나무 한 그루
꽃 한 포기 심었다

숲이 되고 꽃이 무리 지어 피었다

나는
숲에 대해서
꽃에 대해서 말하지 않았다

난 너에게로 갔다
가지 않았다

그날, 네가 본 것은
성대 잃은 새 한 마리 였다

하늘의 결정은 정육면체다

- 소금밭

수백 장 거울이 깔려있습니다.
그 속에 조각난 하늘이 하나씩 들어앉았습니다.
하늘, 굳이 고개 들어 쳐다볼 필요가 없습니다.
지나던 여우비가 그림은 이렇게 그리는 거라고
점묘법을 짧게 선보이고 갔고
서명은 터줏대감인 괭이갈매기가 하였습니다.
하나같이 걸작입니다.
그중 하나 내가 들어가 풍경이 됩니다.

봄마다 어머니가 고집하셨던 하늘, 오늘 내가 품는다.

햇볕은 쨍쨍,
소금밭 사람들이 왜 눈만 뜨면 볕을 노래하는지 알겠습니다.
쨍쨍, 하늘 깨어지는 소리를 듣습니다.
하얗게, 하얗게 깨어져 반짝입니다.
염부의 이마에서 반짝이는 하늘을 봅니다
하늘의 결정은 정육면체인가 봅니다. 깨어진
하늘을 긁어모으는 고무래가 어깨를 들썩이고 퍼 싣는 삽질이 각을 허뭅니다.
하늘이 한 조각 사라졌습니다.
먼 길 온 바람이 잠시 쉬었다 가는 창고에는
하늘이!

하늘이 하늘 높은 줄 모르고 쌓여 있습니다.
이렇게 하늘을 쌓아 놓고 사는 가슴 우리는 어떤 색일까요?

몇 알 집어 맛을 봅니다.
하얗게 짜다 엷은 단맛이 돕니다.
어머니 맛이었습니다.
어머니의 음식은,
똥구멍 찢어지는 살림에 일곱 개의 입을 책임져야 했던
당신의 삶처럼
소태 같아 물 한 대접씩 들이켜야 했습니다.
그런데 그 소태 같은 손맛에 길들어진 내 혀는 왜 아직도 밍밍할까요?

염부는 빈 거울에 다시 하늘을 들입니다.
살찐 한 무리 양 떼와 물이 간 노을, 밍밍한 내가 하얗게 간 되고 있습니다.
소태 같았던 어머니의 손맛은
그 어떤 사랑보다도 달콤하였습니다.

마이크로 술 담그다

술을 담는다.
무엇이던 술을 만들 수 있다는 손이 흥얼거린다.

레시피는 간단하다. 재료는 마이크와 소주. 술은 독할수록 마이크는 해 묵은 걸수록 좋다. 유성 매직으로 입 하나 그려 넣는다. 커다랗게, 유리병에 마이크를 씻지 않고 넣는다. 소주를 가득 붓고 밀봉한다. 은밀하므로 볕 좋은 곳에 두고 밤에는 붉은 등 하나 켜놓는 것이 좋다. 음악을 두툼하게 곁들이면

하루쯤 지나
무덤까지 가져가야 할 비밀까지 속속들이 게워낸다.
우려 나오는 갖가지 색깔들,
아침저녁 마주하던 얼굴들이 과시하고 싶거나 감추고 싶었던

속내이다. 진열해둔 선반에서 황톳빛 병 하나 꺼내 밀봉을 뜯는다. '에 알콰디레요 이장이래요" 말투가 웃음인 강원도 촌부가 찰랑거리고 빠른 템포 음악에 맞춰 쳐대는 오일장 엿장수 가위질 장단이 달큰하다. 무지갯빛의 유리병을 꺼내 밀봉된 시간을 뜯어내니 습자지 같은 웃음이 동동 뜬다. 질주하던 사이키 조명이 역주행하고, 이마에 넥타이를 두른 사내의 혀는 또 덜컹거린다. 여자가 쳐대는 탬버린은 오버랩 되는 핏

기없는 새끼 얼굴이 밟혀 자꾸만 박자를 잃는다. 1+1=10 되는 혓바닥들의 허세를 잘라버리자 핏기없는 상판대기, 죽어라 뛰어도 한 계단 올라서지 못하고, 한껏 볼륨을 높여도 버벅거리는 사내는

다시 병 속으로 들어가
소주에 잠긴다.
잿빛으로 우러나다 파래지는

유리병 속 하늘이 비틀거린다.

김진수
강원도 주문진 출생. 2016년 계간《시와 세계》신인상.
동인시집『고양이 골목』『꽃에 대한 예의』외
geobo52@hanmail.net

어둠 속에 개켜둔 문장을 거풍하며
- 킬리만자로

이사랑

거꾸로 시간을 돌려놓고
거꾸로 가는 기차를 타고
거꾸로 쓴 시를 읽는다

자연의 섭리를 품어주는 나는 휴화산
세상의 볼꼴 못 볼 꼴 다 보았고 보고 있다
그러나, 분노를 못 이겨 폭발하지는 않겠다
누구도 내 침묵 앞에서, 큐하고 외치거나
클랙슨을 누르거나 간섭하거나
함부로 가속페달 밟지 마라

해와 달과 하느님과 소통이 가능한
별들도 야생으로 숨을 쉬는 이 시간
나는 하늘과 가까운 그곳으로 가고 있다
뽈레뽈레

*뽈레뽈레 : 탄자니아어로 "천천히" 라는 뜻

팽이

매를 맞으며
팽이가 돌아가고 있다
빨주노초파남보 크레용을 바른 팽이다

팽이가 돌고 있다
팽이가 도는 방향으로 시곗바늘이 돌아간다
팽이 중심에 박힌 쇠 구슬이 우주를 돌리고 있다

팽이가 돌아가고 있다
팽이 따라 하늘도 돌고 땅도 돌고
레코드판이 돌아가듯 유년의 추억이 신나게 돌고 있다
팽이는 살기 위하여 중심 잡고 팽팽하게 돈다

흑백 기억 속 앉은뱅이 책상 서랍에서
오래 죽어 있는 나를 꺼내어 살려다오
누가 나를 힘껏 때려다오

나는 돌고 싶다
나는 살고 싶다

참나무 숲길에서

-적반하장(賊反荷杖)

참나무 숲에 바람이 분다
키 큰 참나무를 휘적이며 바람이 불 때마다
톡, 톡, 투두둑 도토리가 쏟아진다
올해도 도토리 풍년이다

이른 봄부터 다람쥐가
상수리나무에 물이 올랐는지
오르락내리락
굴참나무에 잎이 돋았는지
오르락내리락
신갈나무는 건강한지
오르락내리락
갈참나무 꽃은 피었는지
오르락내리락
떡갈나무 졸참나무는 무탈한지
오르락내리락
이 나무 저 나무 어루만지며
오르락내리락
봄부터 늦가을까지
대대로 참나무를 심고 가꾸었건만

추수 끝낸 사람이 도토리를 공짜로 수거하며 하는 말
다람쥐야 우리 집에 와 도토리 껍데기 좀 까주렴
백 개 까 주면 열 개를 주마

참나무 숲을 지키던 다람쥐가
인기척에 화들짝 놀라 달아난다

붉은머리오목눈이

묵정밭에 터 잡고 사는 뱁새가
새끼들 날갯짓을 가르치고 있다

아가야, 어서 날아라 날아보아라
가장, 제일, 최고가 아니어도 괜찮다
황새 뻐꾸기 갈매기나 기러기처럼
더 높이 더 멀리 날지 못해도 괜찮다
잘나고 똑똑한 사람만 산다면
이 세상 무슨 재미가 있겠니
겁내지 말고 날아라 아가야

살기 위하여 미리강을 건너는 누우 떼처럼
둥지를 날아가다, 바닥으로 떨어지는 새끼를
고양이가 재빨리 낚아채어 달아난다
그 뒤를 쫓아가며 보았다
필사적으로 쪼아대던 어미의 눈물을

아무리 느려도 시작만 하면 반은 간 것이다
아무리 작은 걸음이라 할지라도
한 발 한 발, 발을 떼어 옮기지 않으면
앞으로 나갈 수 없단다

걸어가는 내 뒷모습 보면 영락없이 눈물 난다던
오롯한 당신

안부가 그리운 날

맑은 하늘을 보며
아. 오늘은 안녕하구나

길을 가다 만난 강아지와 고양이에
인사를 한다
안녕?

토끼풀 강아지풀 여뀌에게
이름 불러주며 명랑한 목소리로
안녕 ?

밤하늘 빛나는 별을 보며
아. 오늘은 안녕하구나

이사랑
2009년 계간 《다시올문학》 등단 2009년 수주문학 대상 수상
시집 『적막한 채』 poem2112@naver.com

틈 외 4편

이진환

뻗치면 닿을 자리까지 녹이 슬었다

육신의 틈을 빠져나가지 못한
웃자란 욕심들이다

버석거리는 검불 소리에 대지가 다 녹이 스나
산천의 틈으로
보다, 엿보다
듣다, 엿듣다 하던 바람이 생기를 낸다

바람을 부추기는 바람
이 바람을 비켜서는 틈이 있을까
있다면, 바람은 부는 걸 멈출까

세상의 모든 틈이어서
틈이 없는 세월의 틈이다 하고
빛은 틈을 비워 그늘 자리를 내어주고, 어둠은
별자리를 짓는다

천지간에 녹이 슬면 비를 내리는
하늘 둥근 틈으로 구름이 가고 있다

저기 저 산에서

겨울 긴 소매에 보푸라기
길면 긴 대로 오랜 상처 같고
짧으면 짧은 대로
서로에 부둥켜 보듬는 생채기 같은 인연이지만
옹기종기, 시린 손엔 꽁지 쪽이라도
온기가 자석이다

벙거지 쓴 어둠이 포근하듯
어둑한 온기에
속내 들치는 씨알들이 고만고만한 끄트머리
툭, 치며 어깨걸이 하는 바람이다

오르내림이 언제나 숨겹고 벅차서
여름 산행은 콧김이 억세고
겨울 산행은 입김이 드세다

옷섶 허술한 잔설이 응달 온기에 몸을 녹인다

때론,

그늘 든 눈물도 따스한 거다

그대이듯

그대란 말엔 손가락 물린 아이 입술의 젖내가 난다

그대,
의 어감 너머 웅크린 눈이 입을
크게 모은다
별을 따려고

보채지 않아도 살래살래 다가와 맺는 이슬 자리
서리 하얗게 돋아

옥죄이던 가슴에 걸린 변속기 없는
엔진 소리
끄고 누운 불빛에 꺼질까

어느 적 그대이듯, 그대이기를 보듬는 옹알이가

뒤태 까칠한 생기에
색 그늘 앙상해진 가슴의 들것, 내려놓지 못한다

기운

화분에 터 잡고 마른 숨을 뱉는
저것들에
코에 침 발라 저린 발을 삭히다

매만지던 줄기에 엉킨 속내가 껌벅이는 창밖

벽에 기댄 오랜 표정을 밀치며
한 획씩 무료함을 긋고 가던 그림자가 몰려가는
건널목

초록 신호에

저녁 햇살 흐린 자국을 기어이 잡자고 드는
손과 발, 바빠지는

어깨 위로
물끄럼 하던 하루가 찬 볕에 그을려 터지는
웅크린 간판들 사이
가로등의 긴 촉수에

허리 두들겨 견딘 골목 그늘이 술렁거린다

징조

먼 길을 다녀온 휑한 육신이
밤 그늘에 끌려간 제 그림자를 생각한다

검은색일까, 물빛이던가

기다랗게, 짧게 다져도 묽은 생각에
잠귀가 순해지는 머리맡 고요가
물에 잠긴 어둠처럼 무겁다

상한 생각인지
얼린 생각인지 느릿하게 흘러드는,
혼자 듣는 말에는 답이 없어
아침을 뉘이면 눈발이, 저녁을 세우면 비가 내렸다

손마디를 당긴 저린 힘으로
창틀에 끼인 무채색을 깨치는 소리가 들린다

이진환
경북 포항 출생, 2014년 《국민일보》 신춘신앙시 대상, 2016년 계간 《다시올문학》 신인상, 동인시집 「고양이 골목」 「꽃에 대한 예의」 외,
jjjinlee@naver.com

한숨 외 4편

안갑선

꽃이 핀다고 다 피우는 것은 아니다
지금은 저 꽃 피면 안 될 때
다른 꽃도 따라서 피고 지니 어쩌나
떠난 임 아니 오시는 것처럼
혹여
제 꽃 피울 때 잊지 않을까 걱정이네

첫눈

허공에 점 하나 찍었다. 거미
점이란 것은 처음이라는 뜻
허공을 장악한 거미는
세상을 향하여 포효할 것 같지만 천만의 말씀
하늘에 단상 차리고 아래를 향하여 굽어보고는
무슨 하실 말씀 있으신가
힘차게 점 하나 찍은 것은
마침표는 아닐 터
바라보고 있는 네네 나는 겁먹고 있었다
마음의 죄가 무거운 탓이다
몇 날 며칠 무게만 잡고는
어느 날 단상에서 사라졌다
그 후 쌀쌀한 날씨가 후드득 쏟아지더니
첫눈이 거미 말씀처럼 내렸다

애인(愛人)

단 한 번도 자기의 모습을 바라보며
세상에서 가장 아름답게 피었다는 것을 알고 있을까요

나에게 애인이 있습니다
사랑을 나누고 싶은 충동을 자극하는 장미꽃처럼
화려한 꽃으로 피었다가도 가시가 있는 여자
고귀하고 진실한 국화꽃으로 피는 여자
그래서 만인이 좋아하는 여자
가냘픈 몸으로 꽃 한 송이 피우고는
산들바람에도 흔들리는 슬픈 부추 꽃 같은 여자
수줍어 수줍어서 혼자
가슴으로만 사랑의 꽃을 피우는 무화과 꽃 같은 여자
핀 듯 안 핀 듯 기억이 없는 고구마 꽃 같은 여자
안개꽃같이 청순한 여자
큰 정원을 가지고 있는 것처럼
많은 꽃으로 피는 여자
꽃으로 화장하여 향수 대신 꽃향기 물씬 풍기는 여자
꽃이 아니면서 꽃으로 피고 꽃에서 꽃으로 피는 여자
꽃으로 변검하는 여자
오늘은 해바라기 꽃으로 다정스럽게 바라보고 있는 여자
어느 꽃으로도 밤새워 비교할 수 있는 여자
평생 바라만 봐도 좋은 여자
애인 같은 나의 아내

낙화유수

잎이 바람의 간교한 혀 놀림에
아차 하는 순간 손 놓쳤을 때의 심정은
대양을 순항하던 배가 침몰하여 항해할 수 없는
한 송이 바다의 꽃으로 피어나는
가슴 철렁한 일이다
수액도 단절되어 심폐소생술조차 할 수 없는
죽음의 선을 넘어 희망과 삶이 송두리째
바람의 혀끝에서 산산이 부서지는
순간을 맞이한 것이다
바람도 살기 위해 몸서리치도록 괴로워하였으리라
잎은 꿈에 그리던 지상으로의 아름다운 낙화를 잃어버리고
허공에서 공허한 춤 사위를 벌린다
낙엽은 배시시 웃으며 다른 잎은 억압과 단절에서 벗어나
통쾌한 자유를 얻었다고 거짓된 말 하고는

나무 보며 눈시울 붉지만
나무는 나에게 삶을 가르쳐 주었고
안락한 보금자리를 만들어 주었으며
벗과 잘 놀다가 갑니다
귀뚜라미가 낙엽을 살짝 건들자 움찔거리며 바스락거린다
길 떠날 채비를 끝낸 것 같다

나이테

그 꽃은
사철 피어 있었다

볼 수 없어 몰랐다
나무가 베어지고 알았다

평생 보아 달라고
애처롭게 흔들렸을 꽃

어머니 닮아서
가슴 먹먹한 꽃

안갑선
시집 《그대 가슴 밖의 내 마음》으로 작품 활동
시집 『통화중』 『바지랑대와 손 고동 소리』 외 2권
angabsun@hanmail.net

詩와, 커피 팝니다

-또다시 겨울

김 영 은

일영에 물기 오른 나무와 범람하던 물길이 계곡으로 깊이 들어가 버리자 오가던 행인의 발길도 여름내 분주하던 상인의 기척도 메마른 물길처럼 점점 줄어만 가네

어김없이 찾아드는 겨울은 이내 몸에 들어와 한 살 한 살 붉은 나이테를 만들며 흔적을 남기려 수작을 부리는데도 난 또 군말 없이 받아들이는 시늉을 하며 월동 준비를 서두르는 척 흉내내며 시와 커피를 판답시고 종일 인적 드문 카페에 홀로 앉아 창밖을 지키며 청승부리고 있는 나를 시올이와 소리가* 창밖 멀리서 주인을 지킨답시고 나를 대신해 손님도 부르고 커피도 팔아주더니 손님에게 다시올게라는 약속까지 받아내며 꼬리까지 팔고 있네

시를 팔지 못한 나는 오늘
커피 석 잔 팔았네

*시올이와 소리는 다시올의 반려견입니다.

늙은 호박

나팔관으로 노래를 부른다

굳어가던 심장에 팝콘 터지는 소리 화들짝 튀겨 나와 저마다 커지는 소리 마주 보는 자리에 나란히 앉아 숨소리 두근거리는 몸 위로 살짝살짝 발 디디는 소리 멀리 돌아온 늙은 마음 체머리 떠는소리 꼭지에서 젊음과 늙음이 서로의 껍질을 벗겨내며 가슴 동당 거리는 소리 게슴츠레 눈 맞추며 우리끼리 두근대다 어루만져주는 소리 보드랍고 찰진 것을 앙큼하게 기대하며 하루를 맞이하는 소리 동그란 가슴과 둥근 가슴이 확 열리어 끼리끼리 엉기는 소리 다시 식어가며 단단해지는 저 비밀의 소리 호박꽃도 꽃이라고 물기가 돌자 비로소 소리 낼 수 있는 나팔관이 생겼다

단단한 것을 단 한번 매만졌을 뿐인데 끈끈한 소리가 흘러들어간 뒤에야 생겨난 저토록 둥글고 저토록 은밀한 것이 화끈하게 입맛을 당긴다

초충도 속을 거닐다

우리 말 이름이 닥풀이라며 어느 시인이 포트에 어린 모종 몇 개 들고 와서 낮은 자세로 앉아있는 패랭이 옆에 어린 각시처럼 눕혀놓았다. 5월이 되자 꽃이 서로 다투며 만발했다. 꽃 중의 왕이라는 모란도, 한방에 누를 기세로 화려하게 피어 절정으로 치닫는 양귀비도 제치고 미색의 어리고 여린 꽃대 올라오는 것이 초충도 여덟 폭 병풍 속을 거니는 사임당이 저토록 정숙하고 단아했을까 신선한 충격으로 화르르 그 속을 노닐고 있네

꽃을 바라보며 한가한 유월을 보내고 푸르게 당도한 칠월을 건너는데 해바라기마저 못 믿어 서럽다는 한낮의 태양이 마당 한가운데를 빙빙 돌다 무거워 진저리치는 오이 수박을 걷어온다. 온종일 펼쳐놓은 초록 사이로 못내 피어버리고만 황촉규화를 바라보며 두려움 없이 덩치만 키우다 펼쳐놓은 화폭 같아 나비, 개구리, 아니 얼룩말이라도 그리고 나면 사임당이 걸어 나올까 싶어 맨드라미 자지러지는 마당을 거닐고 있는데 기어이 스러지고야 말 태양이 화끈거리는 내 등에 붙어 같이 거닐자 하네

고장 난 세탁기

하루를 어둠의 구석으로 몰아넣는다
한순간도 나는 갇힐 수 없다
조금 전까지 잘 돌아가던 세탁기
덜덜 떨리는 소음과 우당탕
잡소리를 내며 기억을 잃었다
작동하던 센서는 균형감각을 잃고
누구도 나를 가둘 수는 없다는 듯
자유의 존재를 펄럭이기 위해 닫고 싶은
저 통속을 건재하다는 듯 활짝 열었다
하루를 뽐내기 위해 걸치고 떠다녔을
옷가지가 뒤죽박죽으로 엉켜있다
그 어느 곳에도 속박되지 않고
자유로운 깃발을 날리고 싶어서
아침부터 옷 방을 분주히 드나들며
챙겨 입은 옷이 정지된 통속에서
다시 세상 밖으로 나가기 위해
내 손을 기다리고 있다

그림자

누구나 삶이 힘들면
모서리가 찔려 아프다고 한다

세상일에도 앞뒤가 있는 법
동전이 어쩔 수 없이
서 있어야 한다면 얼마나
힘든 형벌이겠는가

하루 종일
생각 없이 끌고 다닌
내 그림자에도 모서리가
숨겨져 있음을 알아야 겠다.

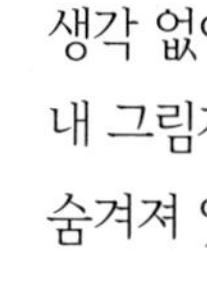

김 영 은
2003년《시사문단》등단, 계간《다시올문학 》발행인,
도서출판 다시올 대표, 동인시집『어떤 초상화의 모티브』외
maxim3515@naver.com

맨발로 혼자 가는 시계 외 4편

예 박 시 원

강여울 따라 길게 누운 시간을 거슬러
녹음 짙은 팔월의 뮛굽이 따라
붉으레미한 불살이 삣낙질하는 한낮
뫼비우스의 띠 같은 시간에 갇혀
빠져나가지 못해 힘들어하는
저 사내와 멧비둘기는
지친 우듬지 끝에 하루를 접는다
몰래 살살 뒤따라와 됐나 됐다 했을 때
느닷없이 뒤통수를 치며 놀래키는 것도
헛짓의 인생이라는 녀석이고
빠져나가게 도와주는 것도 인생이다
가다가 지칠 때 그 녀석의 손을 꺼당겨
잠시 앉아 쉬었다 가자
그냥 편안하면 주저앉아 버리고
불편하면 일어나 다시 가면 될 것을
맨발로 가는 시계는 누구도 훔쳐 가지 않는다

라 트라비아타의 동백꽃은 어디에

새벽 네 시에서 다섯 시면 어김없이 일어나
한 끼 밥을 위해 치타처럼 분노의 질주를 하는
그대와 나
무엇을 위해 그토록 분주한 활동을 하는가
푸른 플라타너스도 소나무도 희미하게
퍽퍽한 미세먼지가 잔뜩 낀 새벽안개 속을 헤치고
막막한 아스팔트를 내달리지만
간간히 허리를 빳빳하게 세운 억새를 보며
그대와 나도 허리를 곧추세운다
비올레타의 동백꽃이 시들기 전에 다시
사랑을 할 수 있을 것인지

세상이 숨죽인 부추처럼 염장하더라도
여전히 파르르 살아있는 파김치처럼
새벽을 질주하는 그대와 난
붉은 야생마
때론 센티멘털한 보헤미안이 돼 보면
서쪽 하늘은 붉게 물들고
그대와 나의 긴 호흡도 아득히 삼켜 주리니
감미로운 플루트와 기타 소리에
몸을 실은 하루가 기울고
이유 있는 증오와 분노도 캄캄한 밤이면
존재감 없이 잊힐 것을

구름의 사타구니

거대한 쓰나미처럼 백야의 유빙이 되어 밀려오는
저 짙은 운무의 용기백배한 가장행렬

지리산 밑 산청에도 간혹 희한하게
선창가 괴기 배따는 바다 냄새가 흘러온다

희미한 안개 속으로 따라오는 저것의 정체는
화장실 냄새도 아니고 거름냄새도 아닌

굴풋한 비린내가 짙어졌다 옅어졌다
바람에 씻긴 사천대교 사타구니 사이에서 날아드는가

청송 보호감호소의 높은 담장보다 더 치솟아있는
철옹성 같은 저 산맥의 철책들

그 뫼굽이 너매 강 따라 들판 따라 가다보면
사천 삼천포대교 남해대교 이순신대교까지 이어진다

도대체 어느 여인의 샅에서 지리산 남정네를 좇아
산엔청 여기까지 찾아왔는가

비바람 몰아쳐도 꿈쩍도 않는 저 장삼이사 필부필부
긴 한숨 속에 구름만 유유히 머물렀다 가는데

어쩌면 저 묏부리에서 건너오는 바람이 되기 위해
그 먼 길을 에돌아 왔는지도 모르겠구나

살비듬

산자의 살비듬과 죽은 자의 살비듬은 같은 살집이지만 같지 않다. 산자의 살비듬은 산자답게 살아있음을 증명하기 위해 몸부림치며 스킨십을 하거나 혼자만의 몸부림 끝에 떨어지는 게 살비듬이다.

산자의 살비듬은 살 비린내가 풍긴다. 젊은 사람이나 아이들의 살 비린내는 단내가 난다. 단내가 난다는 건 살아있다는 징표, 죽은 자의 살비듬엔 살 냄새가 없다. 생기도 물기도 없이 바싹 말라 가루가 된다. 시원한 감로수를 축여도 김을 내고 증발되어 버석거리는 죽음의 징표다.

마른 입술도 터지고 살비듬이 날려도 심장엔 여전히 뜨거운 피가 솟는다면 그 살비듬엔 살아 있음의 냄새가 난다. 희끗희끗한 머리카락을 넘기며 삶의 끝자락에 지나온 생을 반추하고 쓸쓸하게 잠 깬 새벽 해소 기침 소리에 모든 걸 내려놓음은 무심과 무소유

바다에서 소리 없이 태양을 삼킨 퇴역한 폐선에선 낡은 허물만 날리고 잔잔한 바다는 정지된 시간만 알려준다 제 역할을 다한 사람이나 폐선도 퇴물이 되면 쓸쓸하기 마련이고 때가 되면 조용히 해체된다.

화무십일홍(花無十日紅). 화려한 자태도 영원할 수 없듯 앵돌아진 꽃잎도 한순간 제 몸의 일부를 털어내고 쏟아지고 말듯 우리의 생도 이와 다르지 않다

살비듬 한 무더기에 한 생이 우수수 떨어진다.

혼자 돌아가는 물레방아

밤새 교교한 달빛 아래 물레방앗간의 수차는 쏟아지는 폭포수에 돌고 또 돌아간다. 이미 쏟아진 물이건만 그칠 줄 모른 채 빈 방앗공이는 저 혼자 쿵쿵 방아질을 계속해댄다. 석탄 백탄 저 괴이한 헛짓은 언제 그칠 것인가. 헤어짐이 아쉬워 날이 새고도 또 쿵쿵 찧어대고 있는 것인가 그리워 찧는 것인가. 누구는 떡을 밥 먹듯이 먹는데 누군 굶기를 떡 먹듯이 하니 세상 참 불공평하지 않는가. 혼자 돌아가는 물레방아에 주먹이 울고 짝없는 뻐꾸기도 따라 운다.

예박시원
《다시올문학》 소설 신인상 《시와사람》 시 등단
계간 《詩와늪》 문학평론 · 심사위원 · 주간
yeoweseok@naver.com

거기 있네 외 2편

배인환

별과 태양이 보고 싶어
하늘을 본 게 아니고
구름이 보고 싶어 하늘을 본 그 사람
사진이 거기 있네

바람을 사진으로 찍은
그 사람 거기 있네

변화무상한 구름을 사진에 담고 싶어
병이 난 그 사람 거기 있네

불치의 병을 불러온 고독을 견딘
그 작품이 거기 있네

빨간 감나무 아래서 쉬고 있는
그 사람 거기 있네

빨간 감을 보며
발걸음 멈추고 그를 생각하는
사람들 거기 있네

스티브 잡스

버린 어머니를 찾아가
'낙태시키지 않고 낳아주어서 고맙다' 고
말한 그는 착한 사람이다.

연봉을 1불만 받고 밤낮으로 일한
그는 괴짜이다

머리는 깎고 청바지에 자가운전에
대문을 열어놓고, 보디가드도 없이 산
그는 중이다.

대통령은 꿈도 꾸지 않은 그가
왜 위대한지 나는 안다
현대의 레오나르도 다 빈치!

그가 왜 췌장암에 걸렸는지
그가 왜 바보같이 수술을 거부했는지
그가 왜 수술을 허락했는지
나는 안다

결국 그가 왜 죽었는지
나는 안다

오키프와 김영갑

한 사람은 사막으로
한 사람은 광야로 갔다

한 사람은 집념으로
한 사람은 몰입으로 살았다

한 사람은 빛과 색을
한 사람은 바람과 구름을

한 사람은 황혼의 벼랑과 수수께끼의 사막을
한 사람은 중산간과 오름을 담았다.

한 사람은 천수를 다하고
한 사람은 비명에 갔다

비명에 가야 예술은 더욱 빛을 발한다
젊은 예술가들은 몸을 던진다

배인환

1984년 《현대시학》으로 데뷔, 2000년【성균문학상】수상, 시집 『길잡이』『외눈 안경알』『가장 밝은 시간』『만재도 시편』『꽃잎이 진다』외 영역 시선집 『Poems of In Hwan Bae』 김구용 평전 『완화초당의 그리움』 수필집 『하늘에서 숲에 비를 뿌리듯』『아버지의 원두막과 어머니의 유품』『부처님 마음』등이 있다. ihb11@hanmail.net

청소 외 1편

권 채 영

선풍기 날개에 시커멓게 쌓인 명사는 저만치 떠나간 서론이다
그렇게 바람개비로 도는데 서론은 어느 사이 부호처럼
앉을 사이가 있었을까?

나름 돌고 도는 일은 본문인 거라
더운 날 하루도 쉴 날이 없던 타동사에
보이지도 않던 이야기가 다닥다닥이다

시간이란 공간이 주제를 붙잡은 샘인데
이별한 서론과 본문을 떼어 물청소를 하는 결론은
소낙비 쏟아져 길을 적시는 시간보다 더 금세다

매일매일 스크린 영화처럼 상영된 이야기도
한순간에 써지면 좋으련만,
조판 부호 일괄 삭제한 날개, 앞뒤 깨끗이 닦아
적절한 어휘로 다시 조립하여 총평을 해 본다

바르게 놓인 문장을 읽는 일은 한결 시원하다
깨끗한 바람인다

가을 정가(情歌)

산그늘 비껴가는 언덕 위에서
깊어가는 가을을 들여다보면
손바닥 닮은 단풍나무 잎이거나
발바닥 닮은 떡갈나무 잎이거나
부채질 하여 쫓아버린
여름 닮은 은행나무 잎이거나
초록빛이던 갈참나무 잎까지
그들을 키워낸 흙을 닮아가느라
모두가 고유한 빛으로 깊어가고 있다
그것뿐일까? 머리카락조차도
염색을 하고 또 하여도
깊은 곳에서부터 밀고 올라온
고유한 빛 막을 수가 없는 것을
가을이라는 말, 깊은 속에는
흙을 닮은 가을이 가득 들어있어
가을마다 가을은
손, 발톱, 머리 잎까지 깊어진다

권채영
2003년 《미네르바》 등단,
시집 『조르바를 모른다』 minary5@naver.com

결단 외 3편

송 동 현

잎을 모두 떨구고 물기를 모두 버리고
나를 더욱 단단하게 굳혀야 겨울
추위를 견딜 수 있어 미련 없이 떨구어야
버티고 서있기 위한 결단

봄이 내린다

무엇을 위해

빨간 떡볶이는 익기도 전에 입에 넣으려 보채고 앉았다 더욱 맵게 입을 달궈 땀을 흘리고 일어나면 저만치 연탄불에 가래떡 뒤집는 할머니 손만 바지런하다 한여름 대학로 더워도 더 뜨거운 불을 피우며

참

꽃들도 눈을 찡그리는 아침 해에 아기 새 한 마리 비닐하우스에서 문이 어디인지 하늘은 보이는데 나갈 수 없어 날다 날다 숨을 고르며 바닥에 앉았다 손바닥 위에서도 도망치지 않고 엄마를 부르기도 겁이 나는지 따듯한 체온만 손에 있다 사과나무 위에 놓아 주지만 너무 높아 푸드덕 내려앉아 구석을 찾는다 돌 틈에라도 숨으려 들어가 흙먼지 피우며 꺼내준다 먼지 묻은 아기 새 사과나무 아래 내려놓고 다른 일을 하다가 한참이 지나 춘자 씨와 다시 보니 엄마 새 아빠 새 파다닥 째재잭 아기를 찾아 왔다

–엄마 아빠가 왔네
–저리 울면 고양이가 올지도 모르는데….

꽃들도 아침 해에 눈을 찡그린다

춘자 · 33

트렉터 지난 흙색 너른 자리

고랑 파고 두둑 만들어 이랑 길어진다 노랑 연두 초록 싱그런 배추 모종으로 수를 놓는다 옆 이랑에 동그랗게 자리 만들어 무씨를 심고 노란 왕겨를 덮어준다 가뭄이 유난히 긴 여름 비를 기다렸는데 태풍이 올라온다다 가지 늘어지게 주렁주렁 달린 대추나무 바람을 이겨내라 기둥을 받치고 또 받쳐준다 온다 비가 온다 빗줄기 굵어질까 어린 모종 다칠까 왕겨는 무씨 잘 덮고 있을까 종일 내리는 비 종일 가시지 않는 걱정 얌전한 빗방울 반가움과 고마움 바람만 잠자기를 바란다

춘자씨는 창밖 바람만 바라본다

송 동 현
2001년 시집 『꿈을 펼쳐!』로 작품활동 시작, 맥놀이창작동인회, 사랑방시낭송회 회원, 도담도담한옥도서관 시창작교실 강사, 평창동 작은 도서관 시창작교실 강사, 북디자이너, 도서출판 담장너머 대표,
시집 『꿈을 펼쳐!』, 『사랑水』 jinu514@hanmal.net

4부

풍경

안병석 서문완

권용해

수필

강인석 최종태

유광호

수수께끼 외 2편

안병석

현미 한 바가지 물에 담가
햇빛 잘 드는 창가에 두고
물끄러미 앉았다

작은 거 어딘가에
숨겨둔 속내
새삼스레 물어도 묵언 중

쌀눈에 돋보기 대며
디엔에이 염기(鹽基)를
들먹이는 이교만

한 톨 속마음
모른 채
겨울 볕에 혼자 졸았네

숭늉

누르스름한 숭늉
구수함 모락모락
숟가락으로 떠 마시니
뜨거워 시원하다

할아버지 할머니 깨어나셨다
후후 불며 숭늉을 드신다

손자 온다는 전화
아내는 끓인 물 냉장고에 넣었다

손자는 찬물 할아버진 시원한 물
손자는 따라쟁이
하아빈 거짓말쟁이
손자는 웃음꽃 호호 깔깔

따라쟁이 숭늉 맛 알 때면
거짓말쟁이 깨어날까

김장

팔팔한 놈 숨죽고 싱싱한 놈 간 절고
야문 놈 속살 보이고 꼿꼿한 놈 무너졌다
매콤한 놈 망가지고
톡 쏘는 놈 벗겨졌다

팍팍 탁탁 소리치는 절굿공이
큰 놈은 커서 튀고 작은놈은 작아서 튀고
처음에 잘난 놈 튀면 덩달아 못난 놈 튄다
튀다가 잡혀 이래저래 몇 대 맞고
팔팔 싱싱하던 놈들 각 잡혀 버렸다

큰 놈 작은놈 잘난 놈 못난 놈
한 대야에 쏟아붓고 매운 놈 아린 놈
짠 놈으로 간 맞추니 여기저기 튀던 성질
다 어디 가버리고

이놈 물 저놈 들고 저놈 물 이놈 들어
김치 한 통 되었다

안병석
경남 함안 출생. 충북대학교 대학원 졸업. 문학동인「전원에서」시를 공부하고 있다. 2018년 계간《다시올문학》신인상
ahnbs3390@daum.net

풍경 외 2편

서 문 완

산새 소리 산울림
물소리 선율

귀뚜라미 쓰르르
다람쥐 사뿐사뿐

산바람 산들바람
단풍잎 나비 되어 나풀나풀

으름 열매 살 오르고
밤송이 때굴때굴

향긋한 솔향기
송편 빚는 엄마 손 향기

정겨운 풍경
마음의 화폭에

꽃

밤하늘에
별들이 빛나듯

낮 하늘에
땅을 향한 꽃송이

겸손한 자태에
은은한 향기

볼수록 사랑스러운
새하얀 꽃

다른 꽃은
피었다 시들어지는데

너는 피어 있는 동안
시들지 않아
밤하늘에 별 같은 꽃

그리움

눈이 내린다
함박눈 내려 수북이 쌓여

설경 아름다운 둘레길
하얀 발자국

예전엔 나란히
보기도 좋았는데

오늘 걸음엔
나 홀로 발자국뿐

그리움 잊어라
함박눈 내려 발자국 덮네

잊어라
발자국 덮네

서문완
충남 금산 출생, 전북대학교 상과대학 졸업, 전직 중등학교 교사, 문학동인 〈전원에서〉 시를 공부하고 있으며 2018년《다시올문학》 신인문학상 수상, smwan39@naver.com

겨울의 아들 외 2편

권 용 해

그 어느 날 실바람이 불어
하늘 높이 나를 밀어 올려
하늘 높이 더 더 높이 나를 보내주기를

그 어느 날 큰 파도가 쳐서
수평선까지 나를 데려가서
하늘 바다 되는 곳에 나를 내려주기를

어느 바닷가 밤중에
겨울바람 나를 데려와
여명이 다 밝으면 하늘로 부르겠지

언젠가 파란 태양이 뜨면
바닷가에 찬바람 불고
또다시 파도치고 또 한 아이 데려오겠지

나팔꽃

땅속까지 말려라 뿌리도 다 말려라
가을 하늘 아래 비쩍 마른 검은 심장을

억새 깃발 날리는 하늘공원 한 편에
마르고 말라 부스러질 하늘의 꽃을

내 마음에 죽음을 내 마음에 죽음을
나팔꽃 으스러진 내 맘속에 죽음을

땅속까지 말려라 뿌리도 다 말려라
마른 가을 하늘 아래 승화하는 나팔꽃

여명

새벽에 설워 보았느냐
노을에 울어 보았느냐
나는 물가에 묻히자 한다

새벽에 한숨 쉬었느냐
탄천에 걸어 보았느냐
나는 강가에 묻히자 한다

하나만 남긴 첨탑 위에
계절의 바람 불어올 제
나는 벼랑에 묻히자 한다

어제 쓰러진 국화밭에
대충 웅크린 갈대밭에
나는 물가에 묻히자 한다

권 응 해
경상북도 경주 출생. 경북대학교 지질학과 졸업
호는 아월(亞月). 계간《다시올문학》 신인상
현재 숭실고등학교 교사, historykid94@naver.com

수필

어머니와 고등어 외 1편

강인석

제주 방언 중 우리에게 가장 널리 알려진 말은 무엇일까? 아마도 제주가 고향인 가수 혜은이 씨가 불러서 대중의 뜨거운 호응을 불러일으켰던 "가십니까?"의 뜻을 나타내는 '감수광'이 아닐까 생각한다. 이 말 못지않게 예부터 제주에서 널리 써 왔으며, 제주 사람들의 삶의 지혜를 상징하는 말 중에 '조냥 정신' 즉 '절약 정신'이란 게 있다.

제주는 지형학적 특성상 본토에서 꽤 멀리 떨어져 있는 섬이다. 그런 지역적인 영향으로 태풍, 홍수, 가뭄 등등 여러 형태의 이상 기후가 발생한다고 하더라도 외부로부터 신속한 도움의 손길이 미치지 못한 탓에 어려움에 처하는 경우가 비일비재했다. 이러한 환경적 요소에 대비하기 위해 제주 여성들은 별도의 항아리를 준비해 두었다. 그러고는 밥을 지을 때마다 쌀을 한두 줌씩 모아 일정량의 식량을 비축해 두는 지혜를 발휘했다. 이는 '유비무환'의 정신을 몸소 실천한 것이다. 이처럼 제주 여성들은 언제 닥칠지 모를 재해에 대비해 늘 철

두철미하게 준비해 왔다. 당시로써는 어쩌면 필수 불가결의 요소라고 해도 과언이 아니다. 이처럼 제주만의 독특한 문화가 오랜 세월에 걸쳐 결집하여 나타난 것이 바로 '조냥(절약) 정신' 이다.

그렇다면 제주도의 '조냥 정신' 이 하필 여성에게서 비롯된 배경은 무엇일까? 그들은 평소 남편에게 의존하기는커녕 도리어 스스로 적극적인 생활 방편을 찾았고, 부지런함에서 가정 경제를 해결해 왔기 때문이 아닐까 생각한다. 또한, 남의 집으로부터 조금이라도 신세를 지려는 마음은 애초부터 생각조차 하지 않았다. 그렇기 때문에 지금껏 제주를 지탱해 온 이들은 남성이 아니라 '조냥 정신' 이 습관화된 여성이다.

아스라이 먼 옛적 내가 초등학교 입학할 무렵의 일이 기억난다. 당시 제주의 여느 집안처럼 우리 집도 빠듯한 살림살이에 한 푼이라도 보태려고 애써 농사지은 곡물을 오일장에 내다 파는 일은 자주 있었다.

물론 곡물을 수매하는 상인이나 농협을 통해 계통 출하하는 분들도 있었다. 하지만 나의 어머니는 항상 조금이라도 더 나은 값을 받기 위해 콩이나 보리, 참깨 등을 마대에 담아 등에 지고 흙먼지 날리는 비포장길을 땀을 뻘뻘 흘리면서 한 시간 남짓 부지런히 걸어서 거의 탈진할 지경에 이르러 오일장에 도착하고는 하셨다. 언뜻 생각하기에 '탈진' 이라는 단어가 왠지 과장된 표현이라고 생각할 수도 있다. 하지만 어머니는 오래된 지병까지 있었기에 평소 밭일을 하거나 걸음을 걸을 때마다 힘들어하는 모습이 어김없이 내 시야에 들어왔다. 나이가 어린 탓인지 나는, 어머니가 저렇게 힘들이지 말고 버스라도 이용하면 훨씬 편하게 갈 수 있을 텐데 굳이 사서 고생하는 이유가 무엇일까? 하고 항상 의아해했었다. 하지만 그럴 만한 분명한 이유가 있었다. 어머니는 비가 오거나 눈이 오거나 태풍이 부는 등 특별히 궂은 날씨 외에는 버스 요금이라도 아끼려고 그 먼 길을 마다하지 않고 매번 걸어서 다녔다. 최근 곡물의 시세가 조금 올랐다는 소문이라도 들을라치면 마음이 한결 가벼워지면서 힘들게 걸어온 보람이 있겠구나 하고 생각했을 것이다.

그러던 어느 날 어머니는 여느 때처럼 곡물을 팔기 위해 힘들게 걸어서 오일장을 찾았다. 불과 닷새 전에만 해도 한 말에 4,500원 하던 콩이 무려 500원이나 내린 4,000원에 거래되고 있는 게 아닌가. 어머니는 애초에 생각해 둔 가격이나 그 이상을 받을 수 있겠다는 기대를 안고 온 터라 실망도 무척 컸을 것이다. 당시 '500원' 이라는 화폐의 가치는 결코 적지 않았기에 더욱 그랬을 것이다.

어머니는 콩을 팔지 않고 다시 등에 져서 집을 향해 발길을 옮기고 싶은 마음이 굴뚝같았을 것이다. 이윤즉슨 다음 오일장이 서는 날에는 콩의 거래 가격이 지금보다는 조금이라도 오르지 않을까 하는 기대감 때문이었다. 하지만 어머니가 그날따라 콩을 반드시 팔아야만 하는 절박한 사정이 있었다. 왜냐하면 아침에 집을 나설 때 나를 비롯한 누나와 동생들에게 새 검정 고무신을 사 주겠다고 약속했기 때문이다.

그동안 어머니는 줄곧 우리에게 고무신을 기워서 신기셨다. 하지만 여기저기에서 잇달아 찢어지는 등 더는 신을 수 없는 상태에 놓였다고 판단했기에 우리에게 새 고무신 한 켤레씩을 사 주기로 약속했지만, 기대와는 달리 콩 한 말의 값이 '500원' 이나 내리는 바람에 우리 모두에게 그 약속을 지킬 수는 없었다. 우선 고무신이 심하게 해어진 막냇동생과 외아들인 나에게만 특별히 사 주고 나머지 누나와 동생들에게는 어쩔 수 없이 다음을 기약할 수밖에 없었다. 지금 돌이켜 보면 누나와 동생들에게 괜스레 미안한 생각이 내 머리를 스쳐 간다. 어머니는 고무신을 모두에게 사주지 못한 안타까운 마음에 고등어 한 손을 사서 정성스레 요리를 만들어 주시며 우리에게 애정 어린 따뜻한 위로의 말씀을 해 주셨다. 그러고는 끝까지 아무런 내색도 하지 않았다. 잠시 후 어머니는 우리에게 천천히 많이 먹으라는 말을 남기고 살며시 문밖을 나섰다. 돌아오는 시간이 다소 길어지자 나는 왠지 궁금한 까닭에 어머니를 찾으러 문밖으로 나갔다. 뜻밖의 일이다. 어머니는 우리에게 행여나 들킬까 봐 부엌 한 모퉁이에서 소리 없이 눈물을 닦고 계신 게 아닌가! 추측건대 한참 동안 우신 것 같았다. 나이가 어린 나는 어머니가 흘리는 그 눈물의 의미를 알 수가 없었다. 지금 곰곰이 생각해 보니 여기저기 찢어진 고무신처럼 자식을 향한 어머니의 마음도 갈기갈기 찢어지지 않았을까.

이처럼 어머니의 자식을 향한 아가페적 사랑은 그 무엇으로도 측정할 수도 없고, 그 깊이를 잴 수도 없다. "자식은 부모님께 효도하려 하나 부모는 기다려 주지 않는다"라는 옛말이 있다. 어머니의 자애를 어렴풋이나마 느끼게 될 초등학교 1학년 어느 가을날이었다. 아버지는 이른 아침부터 서둘러 어머니가 드실 약을 처방받기 위해 집을 나섰다. 어머니는 원래부터 지병이 있었지만, 그날따라 유독 심하게 고통을 호소하는 모습을 볼 수 있었다. 어린 내가 느끼기에도 심상치 않다는 것을 충분히 감지할 수 있을 정도였다. 그러나 어머니는 내게 조금이라도 걱정을 덜어주기 위해 나지막한 목소리로

"인석아! 아버지가 오후에 처방 약을 구해올 예정인데, 그 약을 먹으면 차츰 나아질 거야. 아무 걱정하지 말고 학교에 가서 수업이나 열심히 받고 와라" 라고 말씀하셨다. 이 말을 들은 나는 다소 마음을 놓고 발길을 학교로 향했다. 그런데 수업 시간에 선생님의 말씀은 거의 안 들리고 어머니의 고통 소리만 교실까지 들리는 것 같았다. 이렇게 시간은 흐르고 흘러서 겨우 수업을 마칠 수 있었다. 나는 어머니가 행여나 잘못될 수도 있다는 불길한 예감 때문에 지체 없이 집을 향해 달렸다. 우리 집은 학교에서 그다지 멀리 떨어지지 않았기에 약 5분여 후에 집까지 도착할 수 있었다. 그런데 이게 웬일인가! 어머니가 현관 입구에 쓰러져 있는 게 아닌가. 깜짝 놀란 나는 "어머니, 어머니! 정신 차리세요. 어머니, 어머니! 제발 정신 차리세요. 어머니, 어머니, 어머니……" 라고 외치며 수 차례 소리를 지르고 또 질렀다. 그러나 어머니는 끝내 아무런 대답이 없었다. 조퇴라도 해서 조금만 더 빨리 왔으면 어머니를 살릴 수도 있었다는 죄책감 때문에 나 자신을 용서할 수가 없었다. 또한, 아버지가 병원에서 늦게 돌아온 것에 대한 원

망도 하지 않을 수 없었다. 이렇게 어머니는 '38세' 의 꽃다운 나이에 하늘나라로 가셨다. 이제는 우리 형제들이 모두 장성해서 어엿한 가정을 이루고 나름대로 잘 살아가고 있다. 이런 모습을 어머니께 보여드릴 수만 있다면 얼마나 좋을까! 하늘에 계신 어머니는 어쩌면 지금 이 시각에도 흡족한 미소를 지으며 우리들을 지켜보고 있는지도 모른다. 40여 년이 지난 지금도 어머니의 조냥 정신과 자식을 그토록 사랑했던 비단결처럼 곱디고운 그 마음을 떠올리고 있노라면 자꾸만 눈시울이 뜨거워진다. 나는 지금껏 어머니의 깊은 사랑을 단 한 순간도 잊지 못한다.

이렇듯 나의 어머니의 삶에서 보는 것처럼 오늘의 제주를 있게 한 것도 바로 이 '조냥 정신' 으로 인고의 세월을 견디어 낸 제주 여인들의 미래를 대비하는 철저한 준비성 그리고 부지런하고 자립적이며 강한 책임감이 바탕이 된 것이리라. 또한, 어떤 역경 속에서도 굽히지 않고 꿋꿋하게 이겨나갈 수 있는 힘을 길러 준 것은 제주 어머니들의 눈물겨운 강인함 때문이리라.

작은 관심 큰 보람

지난여름 어느 날 서울, 부산, 대전 등 전국 114 전화번호 안내 센터에는 오전부터 때아닌 비상이 걸렸다. 그도 그럴 것이 각 지역 센터장 및 민원 상담 팀장들에게 내가 일일이 전화를 해서 쓴소리를 했기 때문이다.

이윤즉슨 114 전화번호 안내원들의 인사말을 들어보면 십중팔구 " 건강하세요.'', " 좋은 하루 되세요.'', " 행복하세요.'' 라고 하고 있는데, 이는 분명히 어법상 잘못됐는데 불구하고 지난 수십 년 동안 버젓이 써왔던 게 사실이다.

이런 인사말은 문법적으로 엄연히 잘못된 인사말인바 앞으로는 쓰지 마십사 하고 충분한 설명과 함께 목에 힘주어 건의했다.

이로 말미암아 전국에 있는 114전화번호 안내 센터에서는 인사말 변경에 관한 내용을 골자로 한 판독 작업과 긴급회의를 소집하는 등 발 빠르게 대처하기 시작했다.

결국 기존의 인사말에 심각한 문제가 있다고 진단한 114 전화번호 안내 측에서는 단 몇 시간 만에 새로운 인사말 지침을 마련하는 해프닝이 벌어졌다.

이처럼 인사말의 심각한 오류가 숨겨져 있었다는 사실을 지난 수십 년 동안 미처 발견하지 못했던 것이다. 마침내 습관처럼 써왔던 “건강하세요.’’, “행복하세요.’’, “좋은 하루 되세요.’’라는 인사말은 단 하루 만에 우리의 역사 속으로 완전히 사라지게 되었다.

114 전화번호 안내 측에서는 급한 나머지 “감사합니다.’’ 또는 “고맙습니다.’’라는 대체 인사말을 쓰기 시작했다. 또 “좋은 하루 되세요.’’ 대신 “좋은 하루 보내세요.’’라는 인사 말로 변경했다. 그래도 내가 목소리를 높인 작은 보람이 있는 듯싶다.

앞으로 114 전화번호 안내 측에서는 머지않아 어법에 맞음은 물론, 좀 더 자연스러운 인사말을 발굴할 것으로 믿어 의심치 않는다.

강인석
제주출생, 2016년《다시올문학》수필등단, 이어도문학회 회원
0002@hanmail.net

한백(寒白) 외 1편

최 종 태

밤새 바람 소리가 창문을 흔들고 사푼사푼 내려앉는 요정의 발끝 적시는 첫눈이 대지를 덮는 밤 창문 열어 탄천도 보고 불곡산도 바라보는데 보이는 것이라고는 오직 어둠뿐이다 그어둠은 밝은 아침을 기약하며 서서히 사라져 간다

나뭇가지가 옷을 벗었나 싶더니 어느새 흰옷으로 갈아입었다. 가지마다 육각형의 소담스런 꽃을 피우고 서로가 자랑이나 하듯 지줄대며 그렇게 밤새도록 변 한 것이다. 간간이 지나가는 바람은 그것들을 시샘하여 눈꽃을 떨구지만, 응어리져 매달린 가지에서 가지로 이어진 손끝은 불곡산을 지나 먼 산일수록 더욱 정겨운 것은 아침에 시작한 산행이라 간밤에 내린 눈송이가 아직 채 녹지 않았기 때문인지 그렇게 가을눈빛 뽐내더니 밤새 겨울로 돌아섰구나 싶다. 이것이 자연의 조화인 寒白(한백)인가 싶다.

와글거리는 단골집 식탁에 천진한 웃음이 가득한 하산의 뒤풀이는 더없이 신선한 행복감을 준다. 점심 식탁에 둘러앉으니 장수 막걸리가 보인다 아침에 집을 나설 때만 해도 '오

늘은 안 돼!' 라고 했지만 식사로 시킨 해장국보다 먼저 손이 뻗치는 막걸리를 어찌 물리치랴! 단숨에 들이켜니 그제야 초설을 맞은 것을 실감 하게 된다.

문을 열고 들어서는데 '승재' 가 반기면서 묻는다!

까마득히 보이는 산등성이를 가리키며

'저 먼 산까지 가서 흰 눈을 보았느냐' 고. 그놈의 마음 또한 흰백(白)이니 이 얼마나 아름다운 하루였는가. 승재의 마음만큼이나 예쁜 그런 하루였다.

뽀드득거리는 첫눈을 밟자 모두가 동심(童心)이 되어 미끄러져 뒹굴고, 함박웃음 웃고 서로를 쳐다보며 옷에 묻은 눈 털어주고, 안부 묻고, 어린아이가 따로 없었다.

첫눈을 다시 밟으려면 365일을 흘러 보내야 한다. 낙조가 어둠 속으로 사라지듯 인생길 또한 눈길 따라 한백(寒白)이 되어 사라져 갈 것이다.

세모

세월은 영원인데 사람이 이름 지어 부르는 일몰!

해마다 왔다 가는 세모와 함께 일몰은 서글픈 하루의 시간표다.

시계의 초침은 짧은 순간을 가리키며 지나지만 그것이 모여 낙수가 바위를 뚫듯이 날이 가고 달이 가며 송구영신(送舊迎新) 에 이른다. 그리고 근하신년(謹賀新年)을 서로에게 전해준다.

예전 같으면 예쁘게 새겨진 연하장을 전하면서 소중한 분의 은덕을 기리고 행운을 빌어 교례를 했지만, 요즈음은 특별한 경우가 아니면 문자 메시지로 새해 인사를 갈음하는데 나도 도움 주신 소중한 분들께 문자 메시지를 보냈더니 회신해 준 분들이 반은 넘는다. 그만해도 나의 인간관계는 괜찮은 편인데 그중에서도 이상현 교수는 두 번씩이나 나에게 통화를 시도하여 오늘 아침에서야 연결이 되었다. 참으로 반갑다. 이런저런 세상 이야기를 나누면서 피해갈 수 없는 석양의 인생길을 이야기 했다. 마음은 젊은데 남들이 노인 대접을 하니 노인의 길을 갈 수밖에 없다나! 송구영신의 뜻에서 이용만 씨 내외를 초청해 인근 식당에서 오찬을 대접하며 가는 해를 아쉬워하며 서로를 달래는데 휴대전화기가 진동을 한다. 정선주 양이 반가움에 밝은 목소리를 들려준다. 근황을 물으니 학교 때의 class mate와 결혼하여 지금은 천호동에 살며 17개월째 되는 남자아이를 두었단다. 이들 부부는 모두 대경대학에서 내가 가르친 애제자들이다. 이렇게 반가운 소식을 들으며 하루가 지나가는데 부산식구들이 왔다. 집안이 갑자기 부산해졌다.

세월이 가니 그 덕에 보고 싶은 사람, 듣고 싶었던 목소리 보고 듣게 되다 보니 가는 세월 이라고 세월 탓할 일만은 아닌가 싶다.

정해년 은 이렇게 뒤안길로 사라져 가는데 다시 12간지를 돌아올 때의 나의 자화상은 어찌하고 있을까 내가 있든 없든 자손의 안위와 번영 그리고 행복을 기원하는 마음은 변함이 없겠지!

최 종 태
1939년 3월 14일생, 동국대학교 일반대학원이수, 법학박사, 서울강서소방서장, 대구시소방본부장, 대경대학교경찰행정과교수, 2018년 계간 《다시올문학》 수필부문 신인문학상 수상,
choi-314@hanmail.net

봄날은 간다 외 3편

-2014. 3. 28.

유 광 호

아침 일찍 새소리가 반짝이더니 우렁찬 기계 소리가 이어진다. 농부들이 일찍 나와 밭갈이를 하는 소리이다. 비료를 밭에 뿌리고 잘 섞이도록 농기계로 밭을 일구는 것이다. 물론 좁은 밭은 사람이 일군다. 작년에 난생처음으로 쟁기질을 하여 씨 뿌리는 것을 도운 것이 새삼 즐겁게 떠오른다. 농부들의 손발이 가장 바쁘게 움직이는 계절이 바로 춘분이 지난 이때이다. 산수유도 매화도 만발하고 개나리와 진달래가 자리를 잡아 간다. '아 봄날은 간다' 이 소리는 내가 하는 소리가 아니다. 이 계절이 나의 입을 열고 꽃처럼 토해내는 소리이다.

아! 봄날은 간다

-2014. 4. 4

70년대에 서울에서 대학을 다닌 사람들은 잘 알겠지만 봄의 축제가 가장 많이 벌어지는 곳은 창경궁이었다. 벚꽃이 가장 멋지게 피는 곳이었기 때문이었으리라. 벚꽃이 필 무렵이면 상춘인파로 그 일대가 난리가 아니었다. 물론 청춘들의 데이트 장소로도 으뜸. 성균관대학교는 서남쪽으로 담을 접하고 있어서 장난기 있는 학생들이 월담하기를 좋아하던 곳이기도 했다. 나는 체면상 한 번도 월담한 일이 없으나 유혹이 없었던 것은 아니다. 유난히 화창한 어느 날이었다. 과 친구 하나가 '단체로 넘어가자' 고 충동적 제안을 했었고, 망설이던 나와 몇 명이 우물쭈물하고 있는데 일차로 먼저 훌쩍 넘어간 절친 하나가 나를 부르기로 했는데 얼마가 지났는데도 부르질 않는다. 이상한 생각이 들어 까치발을 하고 안을 들여다보니 넘어간 친구들이 모두 '엎드러-뻐쳐' 자세로 얼차례를 받는 것이 아닌가. 미팅을 하려고 양복까지 차려입은 대학생이 월담하다가 걸려서 봉변을 당하고 있는 것. 솟구치는 웃음을 억누르며 정문으로 가 입장료를 내고 들어가 보니 얼차례를 받은 이들, 이젠 다음 벌로 화장실 청소를 하고 있었다. 양복 단정히 입고 창경궁 화장실 청소하는 모습이 너무나 우스워 박장대소했던 기억이 지금도 생생히 떠오른다. 미팅으로 멋진 벚꽃데이트를 꿈꾸던 그들은 꽃냄새 대신 화장실 냄새를 실컷 맡으며 봄날을 보내야 했던 것이다.

봄날은 또 이렇게도 가는구나

우연의 일치

-2014. 6. 24

버스를 타고 삼척 강원대 입구에서 내려 학교 쪽으로 걸음을 옮기고 있는데 바로 코앞에 차가 크락숀을 누르며 손짓한다. "타세요" 하며 인사하는 예쁜 후배 강사다. 아니 이럴 수가! 긴 드라이브가 아닌 짧은 대학로이긴 하지만 여름의 더운 날씨, 땀 뻘뻘 흘리며 10여 분은 걸어 가야 하는데, 정말 너무나 반갑고 고마운 일이다. 그것도 남자가 아닌 젊은 여인의 맑은 날씨 같은 목소리의 초대라니. 이런 우연은 작은 우연이지만 짜증스런 시간표로 짜여진 우리 삶에 산소를 불어넣어 준다. 또 한번은 로스앤젤스에서 있었던 일이다. 일식집을 찾아 맛있게 식사를 하고 나왔는데 배가 갑자기 아프더니 설사가 나오려 했다. 그러나 L.A.시청 앞 거리에 화장실이 있을 리 만무이고 휴일이라 모두 휴점이란 표지가 붙어있고 휴일에 문을 여는 상가가 있지만 거기까지는 상당히 멀고 막막한 사막에 든 기분이었다, 사막에는 사람이라도 없으니 아무데나 실례를 하면 되지만 이곳은 문명 도시 한가운데--쩔쩔매며 온몸으로 설사와 싸우고 있는데 눈앞에 보인 화장실표지! 싸기 직전에 보인 임시 화장실. "와우! 고맙습니다. 하느님!, 부처님!, 조상님!, 어머님!"까지 외치면서 볼일을 보고 나왔다. 화장을 끝낸 후 알아낸 것은 그곳이 L.A.경찰이 자기들 야외 기동 훈련을 위하여 설치한 임시화장실이라는 것. 지금 생각해도 그때 그 상쾌 감은 일생을 관통하는 청량소만 같다

고양이 식구들

-2014. 7. 7

지난 봄 우리 주인집 지붕 어디에선가 고양이가 새끼를 낳아서 야옹거리는 소리가 들렸다. 배가 불룩한 길고양이 황묘(내가 부친 이름)가 어슬렁거리며 우리 집 근처를 돌아다니다 한동안 안 보이더니 주인 집 지붕 밑 천장에다 새끼를 낳은 것이다. 새끼들의 야옹야옹소리만 한동안 들리더니 어느 날부턴 뛰노는 듯 움직이는 소리도 났다. 황묘는 떠돌이 고양이지만 그간 내가 가끔 주는 먹이를 통해 우린 꽤나 친한 사이가 되었다. 내가 문을 열고 나가면 빤히 쳐다보며 묘한 추파를 던지기도 했다. 배고파하는 기색이 보이면 사다놓은 고등어를 꺼내 녹인 다음에 접시에 담아 정중히 대접하기도 했다. 그러던 어느 날 새끼 고양이를 모두 데리고 황묘가 마당에 나타났다. 모두 여섯 마리. 살금살금 기며 깡충깡충 뛰기도 하면서 어미의 젖을 찾는다. 그것이 신기하여 먹이를 계속 대주었고 요즘은 고등어 구어 먹는 것이 귀찮아진 터라 오히려 잘 되었다고 생각하며 사둔 고등어를 몽땅 쏟아부어주었다. 그 때문일까 언제 부터인가 나는 인심 후한 밥집아저씨가 되고 그들은 나의 초대손님, 나아가서는 가솔이 된 것이다. 내가 서울 가면 어디로 사라졌다가 서울서 내려오면 용케 알고 나타나는 황묘. 아침에 일어나 나가면 어김없이 문 앞에 딱 버티고 서서 '내 고등어' 외치는 황묘. 이렇게 황묘와의 인연은 이어져 이제는 새끼들을 데리고 때맞추어 나타나 그들을 위해 사놓은 식빵을 흔쾌히 먹고 논다. 이제 지붕에서 살다가 새끼들이 커 아래에 내려와 사는 황묘. 이집저집 떠돌아다니다가도 내가 나타나면 용케 알고 나타나는 황묘. 오늘도 아기 고양이 두 마리와 함께 나타나서 내가 준 식빵을 갖고 서 로 장난하고 있다. 길고양이식구가 이렇게 이웃이 되어 삶의 한 즐거움이 될 줄이야.

유 광 호
서울출생, 성균관대 영문과 졸업, 동대학 대학원 석 박사, 미 머레이 주립대 석사, 성균관대/ 경희대/세명대/순천향대 강의, 삼성경영기술대 교양영어 주임교수 경기대 어학원 전임교수, 미머레이 주립대 방문교수 역임, 강원대 삼척캠퍼스 강의 gumpdad@naver.com

다시올문학회 전망 7집

눈물의 연대기

지 은 이 | 조영환 외
발 행 인 | 김영은
디 자 인 | 박지혜

최판인쇄 2018년 12월 2일
초판발행 2018년 12월 8일

편집제작 | 다시올
출판등록 | 제310-2007-00028
주　　소 | 서울 노원구 광운로 32, 지층 1호
전　　화 | 070-7431-5941
팩　　스 | 031-855-5941
메　　일 | maxim3515@naver.com

값 10,000원
ISBN 978-89-94414-86-7 03810

* 파본은 본사나 구입하신 서점에서 교환해 드립니다.